INCANDESCENCE
Enseignements sur les chakras et
les corps subtils

Enseignements sur les chakras
et les corps subtils

INCANDESCENCE

Emma Grillet
Avec la Vibration de Marie-Madeleine

©Emma Grillet Autoéditeur - Février 2016

Site internet: www.emmagrillet.fr

N°ISBN: 978-2-9555665-0-3

Tous droits de reproduction, traduction
et adaptation réservés pour tous pays.

Dépot Légal: BNF Février 2016

Ce livre a été conçu par

La Plume Sauvage
Editions
WWW.LAPLUMESAUVAGE.COM

Accompagnement des auteurs en autoédition
Particuliers et Professionnels

Révision des textes
Maquette d'intérieur et de couverture
Mise en page et désign

Suivi éditorial

www.laplumesauvage.com

Qui est Emma GRILLET ?

D'abord infirmière diplômée d'Etat, Emma a poursuivi sa quête du sens de la vie et du Soi dans ses études et son métier de thérapeute.

Passionnée par l'être humain, la vie post-mortelle, la vie selon l'ésotérisme, la non-dualité, les missions de vie, l'incarnation et l'accès aux différents plans de conscience, elle œuvre pour l'éveil de la conscience, l'ouverture de cœur et la reliance Terre/Ciel.

Elle a développé sa propre guidance directe avec les autres mondes, notamment dans une rencontre fortuite avec Lady NADA (Marie-Madeline, ou MYRIAM de Magdala) dans les années 2000.

Aujourd'hui, accompagnatrice de personnes désireuses de s'éveiller, de retrouver leur essence et leur identité d'être, son travail consiste à libérer les charges émotionnelles, décristalliser les croyances limitantes et toxiques dans la psyché, refluidier les corps énergétiques, honorer et célébrer la chair et le sacré.

Elle œuvre pour que ces êtres, dans leur chemin qui leur est propre, puisse Pas-sage vibratoire dans la conscience et l'amour de qui ils sont, au sein de leur être divin.

Femme de Cœur, femme de Corps, femme Mère, femme Sœur, femme engagée et canal, Emma est d'abord femme en éveil sur la voie de la lumière d'Amour.

Elle propose également des formations en « Médiumnité de l'être » et des stages de Tantra dans la resacralisation des corps ainsi que des retraites de méditations et de retour au Soi.

Auteure de plusieurs CDS de méditations guidées et de livres, elle délivre des messages pour ouvrir le cœur vers les retrouvailles auprès de Soi et la conscience que la Vie est un mirage où la séparativité n'existe pas.

Chapitre I

COMMENT MIEUX COMPRENDRE L'ENSEIGNEMENT CHANNELING D'EMMA GRILLET ?

Qu'est-ce que le Channeling ?

« Le channeling ou le don de la médiumnité est un outil que chaque être possède en lui. C'est un mode de communication entre les êtres et sous toutes les formes.

Le channel met des mots dans sa propre langue pour tenter d'exprimer et de faire comprendre un échange entre des énergies sur des plans différents.

Comme toute personne a le choix de parler avec telle ou telle personne, le channel a toujours le libre choix de créer une reliance avec l'énergie de son choix. »

∞ Le channeling ou le don de la médiumnité est un outil que chaque être possède en lui ∞

Ce terme est souvent mal compris et interprété. Beaucoup pensent encore aujourd'hui que le channeling n'est qu'une personne capable de percevoir, par des moyens surnaturels, l'au-delà et d'être un intermédiaire entre les vivants et les morts.

Le channeling n'est pas un phénomène extraordinaire ou extrasensoriel. Chaque être l'atteint lorsqu'il rentre davantage dans la conscience de soi, du Soi, de l'Autre. Cette perception ou ce champ médiumnique est un Sens de l'Etre. Pour que chaque personne puisse toucher la profondeur de sa canalisation, chaque être est invité à réajuster et réaligner la personnalité de son Soi.

La médiumnité est une capacité de s'ouvrir à l'autre, de s'ouvrir au champ collectif de ce qui entoure l'être, au champ subtil de l'autre, au champ vibratoire de ce qui entoure et englobe la terre, les végétaux, les animaux, et de tous ce que peut porter un être dans les multiples mémoires cellulaires de ce qu'il est.

Le processus débute toujours par l'intuition. Par la suite, plus la personne va se purifier, plus elle devient capable d'entendre de plus en plus profondément en elle, de capter des plans plus subtils et de se rapprocher de la divinité. Les êtres de lumière nous disent « Nous sommes toujours avec vous ». Le channeling sera simplement dans l'avenir un processus aussi simple, comme lorsque vous parlez à haute voix à un autre être.

Prenez l'exemple des enfants : à la naissance, le bébé n'a pas le langage. Au cours de ses trois premières années, il va apprendre à développer la communication envers les autres êtres. Il en est de même pour le channeling.

Les êtres vont pas à pas s'éveiller afin qu'ils puissent naturellement développer leur pouvoir de communication avec l'énergie plus subtile.

Ainsi, la maturation de l'essence, l'élévation de la personnalité dans chaque être va permettre de trouver l'apprentissage de la communication subtile. Le channel transmet, diffuse et canalise les informations des plans plus subtils. Tous les êtres sont amenés à la médiumnité qu'elle que soit le sens développé : audio, visio, gustatif, sensitif, olfactif.

Nous pouvons développer notre médiumnité par la méditation, le travail sur soi, la pratique des qualités du cœur (discernement, compassion, détachement, tranquillité, foi...) et le désintérêt d'un but quel qu'il soit.

Que le pouvoir de notre essence se déploie !

∞ Développement personnel et prière ∞

La pratique du channeling convient aux personnes équilibrées dans leur vie, sérieuses et sincères qui désirent établir une relation saine avec le monde céleste. Il ne s'agit ici ni d'un jeu, ni de spiritisme (méthode de communication avec les entités) mais de canaliser et de communiquer avec les anges et les puissances aimantes divines.

Pour les initiés (j'entends ici par initié : une personne mûre, quel que soit son âge, qui se trouve à un stade de son développement spirituel où elle peut avoir accès aux vibrations de plus en plus subtiles et élevées), il devient alors possible de communiquer directement avec des Divinités, les Archanges, les Maîtres ascensionnés.

Le channeling agit dans le cadre du développement personnel, que ce soit pour se libérer des souffrances du passé, pour comprendre des choses qui n'étaient pas claires jusqu'alors, et pour voir l'avenir de façon positive.

Il faut savoir aussi que même si les guidances nous apportent leurs conseils les plus sages, il n'y a aucune obligation de les suivre, nous restons totalement libres de nos actes et de nos décisions.

Le channeling consiste donc à communiquer avec le monde céleste divin, il peut être pratiqué de plusieurs manières : manuscrite, orale, auditive, artiste…

Selon ce que m'ont enseigné différents maitres de lumières, les gestes sont souvent très simples mais pénétrant fort intensément dans les structures de nos corps.

J'utilise la lecture intuitive qui est cette capacité de lire, ressentir, entendre, voir, recevoir l'invisible. En fait, bien au-delà du geste, nous prions pendant le soin, nous dialoguons avec les blessures, les souffrances et donnons de l'amour au travers de notre propre canal.

La Vibration de Marie-Madeleine

" *La Vibration de Marie-Madeleine qu'Emma porte n'est pas unique à elle. Les Madeleines sont des êtres ayant pour cause l'éveil du champ de conscience. Ce sont telles des sages-femmes, des éveilleuses d'un nouveau taux vibratoire planétaire et individuel.*

Elles sont le prolongement ou l'extension de la Source divine enracinée dans le Féminin sacré. Leur cause est noble, leur dévouement est entier. L'origine étant le final... Un retour au SOI... Par la traversée de la désillusion de la séparation. "

(Via extrait du Canal MM, Mai 2013)

Marie-Madeleine amène les êtres sur le chemin de l'amour de soi par la reconnaissance, le respect, la transcendance de la vision que nous pouvons avoir de nous-mêmes. Elle nous accompagne dans notre reconversion personnelle par la traversée de ce que nous pouvons nommer ombre.

Cet outil canal est naturel en nous. Il n'y a aucun phénomène extraordinaire à vivre ces états transcendantaux. Il faut simplement développer sa juste place et faire un nettoyage de sa personnalité « dystorsionnée ».

Les Vibrations sont des lumières au cœur de « Qui je suis ». Elles sont parmi nous et nous sommes en elles. Elles contribuent au travers du canal d'Emma, à l'appel de la transcendance et à la reconversion.

La transcendance consiste à débloquer, re-fluidifier les mouvements énergétiques dans le corps des êtres humains. C'est un phénomène vibratoire secouant énergétiquement les êtres, non dans la violence ou dans la destruction, mais dans la destructuration et la renaissance de ce qui n'a plus lieu d'exister et de ce qui est prêt à se retransformer.

La reconversion est une libération des énergies dites négatives ou sombres (maléficielles) de notre psyché et de notre vision duelle de la Vie, vers une reconnexion à l'énergie de Lumière et le choix profond de vivre dans la Lumière Christique.

La Vibration peut être appelée à des moments importants de l'existence, demandant une aide fondamentalement plus profonde que celle d'un soutien amical. Elle accueille *qui nous sommes,* offre et propose *l'amour de qui nous sommes*. Elle peut être également présente au cours d'enseignements offerts à des personnes se réunissant pour une soirée, une journée, un week-end, une session ou en individuel.

Les enseignements que vous allez lire sont issus de ces moments de rencontres. Ces messages sont d'abord des informations dans votre voie spirituelle et dans l'évolution intérieure vers votre Unité.

« L'énergie christique est bien davantage que ce que vous nommez « Jésus-Christ » dans votre religion judéo-chrétienne.

Le « Je suis » est une force et un pouvoir majestueux dans l'immensité de vos essences de Vie. Ce que nous nommons « énergie christique » ne se résume point en un homme incarné, il y a des millions d'années mais en une force cosmique dont votre logos planétaire et solaire en dépend. »

{Via extrait du Canal de M-Madeleine,

Juin 2015}

Car il semble important de reconnaître que la connaissance de notre monde intérieur a de l'intérêt. Cela nous permet de mieux assumer notre incarnation présente et poursuivre en conscience notre évolution spirituelle.

Le décryptage par *la Vibration* œuvre essentiellement par l'intermédiaire de prises de conscience. Elle impose recul et distanciation. C'est d'ailleurs cette particularité qui permet à la personne concernée de conserver son entière responsabilité. Avec ces données entre les mains, elle demeure seule juge de décider d'entreprendre consciemment une transformation.

Il est important de lire ces enseignements avec votre propre discernement ou comme de jolies histoires. Il n'y a pas LA VERITE dans ces textes mais une vision possible de la Vie. Aucun de ces textes ne vient remettre en cause ou en opposition d'autres visions et apprentissages de la Vie.

Les données que propose une lecture-canal sont donc toujours à manier comme un instrument et non pas comme une pilule miracle qui délivrerait l'individu du jour au lendemain. De telles données mettent d'abord en évidence la responsabilité de chacun qui les reçoit. Elles offrent des éléments pour œuvrer sur le chemin de notre vie ; par conséquent, elles laissent le libre arbitre à l'individu de choisir ce qu'il décide de réellement faire pour se rééquilibrer dans sa vie. Elles ne donnent aucune prise à une « victimisation » ou une « dépendance », ni à une Vérité Absolue.

*

Les vibrations Christiques qui s'expriment au travers du canal d'Emma accompagnent les êtres qui choisissent de s'éveiller dans la dimension du Cœur, des Corps et de la Conscience.

Dans ces channelings, les Vibrations viennent soutenir la reliance avec soi-même pour renforcer en soi l'état d'unité du sacré. Ces rencontres ne sont aucunement des temps de voyance, de mysticisme, de collectes d'informations superficielles ou de boulimie mentale.

Ces temps de channeling sont des temps de ressourcement, de retrouvailles intérieures, d'unification, pour ressentir le VIVANT en soi et autour de soi. Vous pourrez également ressentir cette paix et cette libération à la lecture de ces textes.

Vivre le Channeling

*" Le channeling est un outil parmi d'autres,
offrant la possibilité de revenir au Soi et à soi.*

*Vous n'avez point à prouver la
Perfection, vous êtes perfection.*

*Vous n'avez point à prouver
l'Amour, vous êtes Amour."*

∞ Avec le langage ∞

La Vibration : « Le channeling, comme toute autre voie, essaie de décrire avec des mots ce qui est inexprimable. C'est une grande difficulté d'exprimer l'inexprimable avec des mots. Ainsi, vous en arrivez à des expressions que vous trouverez très belles ou très limitées.

La totalité de l'Infini ne peut pas être exprimée par des mots. Le langage est impuissant. Les mots ont une capacité limitée d'exprimer cette réalité divine en vous et autour de vous. D'où l'importance de comprendre et de s'éveiller aux méditations guidées et aux enseignements en channeling dans le discernement et un langage symbolique, subjectif et poétique.

Le langage utilisé en channeling est une calligraphie d'expressions comme un artiste prendrait ses pinceaux pour exprimer notre vibration à travers son art. Il n'est certes pas à prendre au pied de la lettre, mais en s'éveillant à votre ressenti intérieur, comme une musique vous guidant vers votre vérité intérieure et votre propre rapport avec votre réalité divine. Il est tel un voyage comme tout autre voyage dans les arts de votre expression de la Vie. Vous n'allez pas vous perdre dans une œuvre que vous voyez, vous allez la contempler, vous en imprégner... Il en est de même pour l'œuvre du channeling : ne vous perdez point dans les mots, imprégnez-vous, contemplez-les. Elle sert à arrêter le mental dans sa quête de compréhension limitée par la nature même du champ mental et permet de le transporter dans une dimension transcendantale.

Il y a beaucoup de paradoxes dans les enseignements, ce qui permet de stopper l'intellect dans une course effrénée vers une vérité mentale et d'emmener vers un éveil de l'intuition et du discernement. Ceci permettant de réaliser un éveil de conscience vers l'infini en vous, la non-séparation ou non dualité mais également vers un chemin intérieur détaché des projections, des dépendances ou de toutes formes de pouvoir données à l'extérieur ou à des illusions et mirages.

Nous sommes conscients que ceci est un apprentissage pour les êtres pris trop souvent dans une réalité illusoire et aveugle. Nous répéterons ou demanderons que ces mots soient lus et relus afin qu'ils puissent s'imprégner encore et encore dans le processus initiatique des êtres suivant les enseignements.

Votre intuition (capacité à comprendre des choses que la raison ignore) doit prendre parfois le relais, là où s'arrête votre compréhension mentale. Le langage peut aider à la voie contemplative. Car un mental contemplatif peut comprendre plus aisément et appliquer ces enseignements.

Ce que nous appelons le langage ésotérique est un ensemble de mots vous amenant vers le sens réel et profond. Par exemple : le cœur du cœur de votre cœur, la crème des crèmes... Il est trop subtil pour être exprimé. Nous utilisons alors des symboles, des images vous aidant à mieux comprendre une autre réalité au-delà des mots (d'ailleurs, les mots sont des symboles de sons). Ainsi, nous pouvons utiliser des nombres, des mantras, des images, des rituels ou des gestes rituels (exemple : rituels de purification : se laver les mains), des histoires, des mythes, la nature elle-même (qui est également symbole).

Il est d'abord important de purifier le mental et les émotions puis de les lâcher (tel un sportif qui fait un saut à la perche, il lâche la perche pour passer un cap), car ces enseignements sont à comprendre au-delà des sens et du mental.

Le processus mis en place avec le langage va permettre au corps mental de développer sa capacité intuitive, permettant alors de rentrer dans une réalité divine plus subjective et inexplicable. »

∞ Avec la désidentification ∞

Les enseignements apportent également une demande de désidentification, de discernement, d'ouverture de cœur.

La Vibration : « Nous vous demandons de revenir au centre de vous-même, par le Souffle de Vie et de ne pas vous identifier ou vous projeter dans des quêtes de Vérités (que vous ne connaîtrez jamais en ces temps terrestres), des rôles, des justifications (donnant le pouvoir à l'autre et non à votre Source intérieure), des jugements qui sont des mirages. La difficulté réside en ce que, souvent, les êtres ne se rendent pas compte qu'il s'agit d'un état de mirage et de jugement.

Nous pouvons dire cependant que vous rencontrez le mirage quand il y a:

- Des critiques qui s'expriment alors qu'une analyse attentive montrerait qu'elles ne sont pas justifiées.

- Des critiques formulées alors qu'aucune responsabilité personnelle n'est en jeu. Nous entendons par là que la position ou la responsabilité de celui qui critique ne lui en donne aucun droit.

- La vanité de ce qui est accompli, ou la satisfaction à être un chercheur spirituel.

- Tout sentiment de supériorité ou de tendance séparative.*

(Texte d'un auteur ésotérique inconnu)

Nous pourrions donner bien d'autres indications permettant de reconnaître le mirage. Mais si vous vouliez tous prêter une grande attention à ces quatre suggestions, vous libéreriez nettement votre vie et, par conséquent, vous pourriez mieux servir votre prochain.

> *Vous n'avez point à prouver la perfection, vous êtes perfection. Vous n'avez point à prouver l'Amour, vous êtes Amour.*

L'état d'être n'est pas conditionné par la parole ou la pensée. Cela est l'état au cœur du cœur de nous (vous)-même.

La focalisation crée une insécurité en vous, créant une anxiété, créant un trouble, créant divers trous énergétiques et psychiques dans vos structures, créant une disharmonie et un déséquilibre avec vous-même et par conséquent dans votre relation à l'autre. »

∞ Avec la non-sévérité ∞

La Vibration : « Cessez de surveiller où vous êtes. Cessez de revendiquer et de râler de ne pas atteindre ou d'être leurré lorsque vous ETES déjà. »

∞ Avec la relation à l'autre ∞

La Vibration : « Toutes les âmes que vous rencontrez autour de vous sont des ententes d'âmes pour vous ramener à l'essence de vous-même. Vous demeurez dans votre libre arbitre de considérer l'autre tel un ennemi ou tel un ami d'âme vous tendant la main vers les retrouvailles avec vous-même. Il est de votre libre arbitre de critiquer et de vous situer en résistance face à ce que nous vous proposons de vivre. Les notions d'amour et de confiance sont très importantes pour vous révéler à vous-même.

Nous pourrions également parler ici de votre Foi. Les enseignements viendront souvent vous mettre au défi de votre Foi et de votre don d'amour et de confiance à ce qui Est et à la relation à nous, à travers l'autre.

Votre notion de bien et mal, de bon ou mauvais, d'entités négatives ou positives demeure dans votre réalité duelle. Nous vous initions à une Vérité plus vaste et non duelle.Nous pouvons aussi vous parler des énergies involutives et évolutives.

Certaines énergies sont dans un processus d'involution et d'autres dans un processus d'évolution. Si vous rencontrez des énergies dans un processus inversé à vous-même, cela créera une stagnation. Si vous côtoyez une énergie plus dense dans son involution (et que vous êtes en évolution), cela provoque un affaissement de votre énergie. Si vous côtoyez un être en évolution plus fluide que la vôtre (si vous êtes, vous-mêmes en évolution), cela créera une accélération du processus évolutif pour chacun. »

L'art de votre incarnation est de vivre l'amour et l'ouverture, dans un discernement tourné vers la réalisation de votre Soi et non dans des illusions d'attachements, de bonté superficielle vous maintenant dans les illusions de vos corps émotionels. Il ne faut pas vous perdre dans des jugements provoquant votre fermeture à la beauté et l'allégresse du Vivant et limitant votre Présence Infinie dans l'incarnation.

Chapitre II

LES CORPS SUBTILS, SHUSHUMNA ET LES CHAKRAS

Les corps subtils

« Selon les enseignements des êtres de lumière, les êtres humains possèdent sept corps de lumière plus subtils, moins denses que le corps physique : corps éthérique, émotionnel, mental, astral, surpra astral, céleste et corps de lumière.

Tous ces corps sont interreliés. Ils doivent être en harmonie et en alignement pour supporter le développement de l'âme et de la personnalité. »

∞ Qu'est-ce qu'un corps énergétique ? ∞

Un corps énergétique est un corps de lumière, ayant une densité, ayant une forme, ayant une structure, ayant une couleur, ayant une vibration, fort spécifique à chaque plan. Les corps subtils sont faits d'énergie : énergie universelle, le prana, l'énergie du ressenti, l'énergie de la pensée, de la perception et l'énergie de la vision. Ces corps se nourrissent de la substance alchimique de la Terre à bien des niveaux.

Ces corps se succèdent et se superposent les uns sur les autres au-dessus du corps physique tel des manteaux de lumière de différentes structures, de différentes couleurs, de différentes formes enveloppant chacun des corps. La structure de chaque corps possède sa propre substance, sa propre consistance, sa propre densité à l'état vibratoire spécifique de chaque être, un noyau, une chair et une ligne médiane.

∞ Les Corps subtils terrestres ∞

Les trois corps - éthérique, émotionnel et mental - appartiennent à la dimension terrestre. Ils constituent les plans directeurs de la personnalité de l'individu telle qu'elle est dans sa présente incarnation. Les trois corps - supra astral, céleste et de lumière - appartiennent à la dimension céleste. Entre les corps terrestres et les corps célestes se trouve le corps astral qui est relié à la dimension astrale ou monde astral, hors du temps et de l'espace.

Le corps physique

Le corps physique est le corps de chair, corps de matière, corps de lumière dans sa densité la plus terrestre. Il est le corps de notre réalité ayant pour fonction de mobiliser l'être de lumière lorsque nous sommes à l'intérieur de nous.

C'est le véhicule grâce auquel nous évoluons dans la matière. Il constitue notre outil principal. Il doit être discipliné et nourri par des nutriments les plus adéquats.

Il est notre serviteur influencé par les vibrations des corps éthériques, mentaux, émotionnels et astraux. La croissance spirituelle devient impossible lorsque c'est lui qui dirige au lieu d'être dirigé.

Le corps éthérique

C'est le premier corps subtil. Il est le duplicata, le double énergétique du corps physique et l'enveloppe totalement. Ce corps a pour but de protéger et de nourrir l'enveloppe physique.

Nous ressentons d'abord dans ce corps les malaises qui vont s'installer par la suite dans le corps physique. Sans corps éthérique, il ne peut y avoir de vie dans le corps physique. Le langage de ce corps est « j'ai mal, j'ai un malaise ». Il est le filtre ou le dernier rempart pour le corps physique. Il absorbe les effets provenant des autres corps avant qu'ils n'atteignent le corps physique.

Le corps émotionnel

C'est le second corps subtil. Il contient toutes les émotions de sa naissance, sa conception, voire certaines vies d'avant jusqu'à maintenant. Il s'y accumule les joies, les espoirs, les peines, les peurs, les angoisses. Si ce corps n'est pas traité, la cristallisation des émotions perturbera les corps éthériques et physiques. C'est un corps associé à nos sens, dans le sens où il est un corps sensoriel.

Ce corps offre aussi avec nos sens d'établir également la relation entre notre monde intérieur et notre monde extérieur et de communiquer d'être à être, d'être à situation, d'être à cette dimension terrestre. Notre monde intérieur est vivant et nous manifestons cette vie à l'extérieur duquel nous sommes.

Dans un traitement, ce corps demande beaucoup d'écoute. Il est très important de dialoguer avec celui-ci, afin de permettre une guérison.

Il est aussi le siège de la créativité et de l'imagination, ainsi que des humeurs, des désirs, des passions, sentiments, aversions, penchants et traits de caractère sur lesquels la raison a peu d'emprise.

Le corps mental

C'est le troisième corps. Il possède toutes les croyances et toutes les formes pensées vibratoires des différents systèmes de croyances, véhiculés dans cette incarnation ou dans d'autres. C'est le siège de l'esprit conscient et inconscient. Il est le véhicule du « mental » et de l'Ego.

C'est à travers lui que l'intellect et l'instinct se développent. C'est le siège de la volonté, tout comme le corps émotionnel est le siège des désirs et le corps physique celui de l'action. Il possède toutes les croyances et tous les systèmes de croyances que nous avons décidé d'endosser. Ce corps est ainsi le plus en résonance avec notre égo.

Un corps mental déformé résulte d'une résistance au changement et altère les sens. C'est en devenant conscient des structures mentales dépassées et en les reconnaissant pour ce qu'elles sont que la personne peut les transformer.

Le corps astral

Le corps astral est un corps de lumière moins dense et palpable que les autres corps terrestres. Il peut déstructurer toutes les croyances du corps mental. Il n'en demeure pas moins tout autant important pour notre incarnation.

Ce corps permet d'aller rencontrer de multiples mémoires appartenant à l'être que nous sommes. C'est le quatrième corps subtil. Il est la porte d'entrée de la dimension où le temps et l'espace n'existent pas. Toutes les vies de l'âme se vivent en même temps que la vie actuelle. Dans ce plan, nous rencontrons toutes les vies et mémoires karmiques. Il influence la personnalité.

Si une personne a conscience des influences karmiques et désire les dissoudre, elle permettra ainsi à son âme de se libérer de ses attachements et de devenir consciente de la mission qu'elle doit accomplir sur la terre.

∞ Les corps célestes ∞

Nous entrons dans le monde sacré des corps célestes. On les appelle les corps mystiques. L'individu doit consciemment s'engager dans la voie du développement spirituel pour que ces corps s'éveillent et s'activent.

Le corps supra-astral

C'est le cinquième corps. Il est le siège de l'amour inconditionnel. C'est le lieu des qualités et des vertus suprêmes. L'âme y exprime sa dévotion envers la Source, dans cet amour, sa compassion et son désir de servir l'humanité.

Tout comme le corps éthérique protège les corps physiques, ce corps agit comme tampon mettant le plan céleste à l'abri des énergies incompatibles à ce plan.

Ce corps permet de rentrer plus grandement en contact avec la dimension de notre âme et avec nos familles. Il porte les spécificités vibratoires de notre Famille d'âmes et vient nourrir notre corps astral et les autres sous-jacents de ces multiples spécificités de nos Familles d'âmes.

Pour faire vibrer ce corps, la personne a tout intérêt de travailler sur l'amour qu'elle se porte et qu'elle porte aux autres, ses sentiments d'inaptitude ou de frustration qu'elle ressent envers la Source. La personne a à guérir les blessures affectives qui la maintiennent repliée sur elle-même.

Le corps céleste

C'est le sixième corps. Il est le siège de la connaissance et de l'intelligence divine. C'est à partir de ce corps que nous pouvons entrer en contact avec les guides, les maîtres, les anges…

Nous y recevons inspirations et révélations divines.

C'est le corps des intuitions qui jaillissent au sein de notre existence telle une évidence, et néanmoins auxquelles nous résistons parfois et qui pourtant sont une clé essentielle aux transformations que nous désirons.

Souvent, il nous est suggéré d'entrer plus en communication avec ce corps, car nous y découvrons bien des solutions à nos problématiques humaines distorsionnées. Pour rentrer en résonance avec ce corps, la personne doit travailler son ouverture et sa foi en l'existence des anges et des maîtres spirituels, ainsi que la purification de ces corps terrestres

Le corps de lumière

C'est le septième corps. Il est le siège de l'union cosmique. C'est là que l'âme se fond avec la Source et s'unit au divin. Il expérimente le lien éternel et la plénitude.

C'est le corps divin. Celui à travers lequel nous pouvons rayonner pleinement la dimension de qui nous sommes, celui qui porte totalement les multiples mémoires de ce que notre âme a choisi de manifester au sein de cette présente existence. Il est en communication totale avec notre âme qui habite en permanence ce corps.

Nous rayonnons pleinement le « divin » dès lors que ce qui est initié au corps de lumière est prêt à se manifester au sein même de nos autres structures. Nous rayonnons sans aucun doute, l'abondance, la fluidité, la transparence, et ainsi la personnalité distordue n'a plus emprise des commandes.

C'est pourquoi il est fortement conseillé d'amorcer et d'aider à réamorcer une personnalité saine et équilibrée. Ce corps enveloppe tous les autres corps qui se trouvent au-dessous, les protégeant et les nourrissant avec l'énergie du plan céleste.

Il sert aussi à l'âme lorsque le temps est venu pour elle de quitter le plan terrestre. Etre en reliance avec ce corps nous permet de comprendre le sentiment illusoire de la séparation qui empêche l'âme d'expérimenter l'union avec la Source.

∞ Relations entre les corps subtils et les chakras∞

Les corps ne se séparent pas et sont fortement reliés. Ces corps existent pour des raisons spécifiques de protection. Ils sont les enveloppes de l'évolution du corps physique, ce qui les rend autonomes. Ensuite, il y a sept autres corps et sept autres corps et ainsi de suite. Ces corps sont visités lors du passage de la mort.

Les chakras sont directement reliés aux corps subtils. Les corps se tiennent par l'Amour par le chakra du cœur. Cependant, tous les chakras se retrouvent dans tous les corps. Il existe sept chakras majeurs. Ce sont des centres d'énergies divines, des centres de communications tels des cônes ou icônes de lumières irradiantes dans toutes les directions et sur chaque organe, cellule et structure leur correspondant plus spécifiquement.

Certains chakras exercent une influence particulièrement forte sur des corps subtils en particulier :

- Corps éthérique : base, hara, plexus solaire, gorge et troisième œil

- Corps émotionnel : plexus, cœur et troisième œil

- Corps mental : cœur, gorge et troisième œil

- Corps astral : plexus, cœur et troisième œil

- Corps supra-astral : cœur, troisième œil et couronne

- Corps céleste : troisième œil et les autres chakras supérieurs

- Corps de lumière : couronne et les autres chakras supérieurs

Shushumna

« C'est un canal vibratoire. Il accueille l'énergie kundalinique qui est notre énergie de vie, spirituelle et naturelle à notre essence divine. »

Cette énergie démontre totalement que nous sommes des êtres divins et que notre nature profonde est la divinité s'incarnant à travers nous et non l'ego. Ce canal longe et dépasse la colonne vertébrale vers le haut comme vers le bas et dans son épaisseur circulent les énergies yin et yang à travers les nadis.

Au cœur de shushumna prennent naissance les chakras, qui se nourrissent de l'énergie kundalinique, l'Essence de vie.

Du cœur de ce shushumna est rayonnée la réalité énergétique de nos corps. Tout ce qui est « qui nous sommes » est à émaner du cœur de ce canal.

Il est habité de notre âme et de notre famille d'âmes. Il porte les multiples potentialités et spécificités qui sont les nôtres et les rayonne au sein de cette dimension humaine. Plus les corps, plus les voiles sont opaques, moins il nous est possible de rayonner cette étincelle de vie et d'amour qui pulse au cœur de qui nous sommes, en le cœur même de notre canal.

Les chakras

*« Les chakras sont des usines vibratoires chargées
d'amour qui possèdent une Intelligence divine.*

Ce sont des portes donnant accès au corps physique.

*Associés à des glandes et aux organes internes, ils
permettent notre fonctionnement sur Terre. »*

Les chakras sont des portes d'énergie, de communication, de partage, d'échange avec tous les corps subtils. Ce sont des portes multidimensionnelles.

Le chakra physique émerge de l'enveloppe physique, se projette dans l'éthérique et devient le chakra éthérique, qui se poursuit dans l'émotionnel.

Tous les chakras servent à l'évolution de l'âme.

C'est pourquoi il ne faut pas séparer les chakras inférieurs des chakras supérieurs, car ils sont tous emplis d'amour et de lumière.

Ce sont des soleils dont l'unique rayonnement est l'amour. Leur fonction est la fonction de vie qui est le divin.

Les chakras sont aussi naturels que nos orteils et aussi subtils que nos corps subtils, mais aussi tangibles que notre enveloppe physique.

Les chakras reçoivent et émanent en même temps. Ils ont une forme de cônes se présentant dans toutes les directions. Ce cône prend racine dans shushumna.

Il y a de multiples chakras plus ou moins en bonne santé selon notre manière de vivre. Ainsi, l'énergie du chakra pourra être soit constructrice car l'énergie sera fluide et rayonnante, soit destructrice si l'énergie est cristallisée, piquante, stagnante. Chaque chakra respire dans une couleur, une densité, une odeur, une ambiance et une symbolique qui lui est propre et spécifique. Un chakra sain participe à l'expression de qui nous sommes et donc à la manifestation de la Vie au travers nous. Il a un pouvoir spécifique sur notre vie.

Les chakras sont des outils qui émettent cette réalité et nourrissent les corps subtils. Mais ces chakras sont aussi des outils qui reçoivent les multiples informations émanant de notre monde extérieur et qui viennent également nourrir la profondeur de notre être.

Actuellement, de nouveaux chakras sont en train d'émerger.

Chakra Terre

Il est situé entre le hara et la base. Il a pour fonction d'enraciner les nouvelles réalités vibratoires terrestres. Il est associé à un vortex très important situé dans la région du sacrum. C'est pourquoi, un certain nombre d'êtres, actuellement, ressentent de façon plus accrue leur sacrum. Ce chakra n'est point totalement développé chez bien des êtres. Il est en processus d'émergence.

Chakra Fleur

Il est au niveau de l'appendice xiphoïde. Il est le réceptacle alchimique de la fusion de nos trois cœurs (cœur physique, cœur spirituel, cœur karmique). Il permet le passage du personnel ou transpersonnel.

Chakra de la fusion des hémisphères

Il est situé dans la région du corps calleux. La conscience vient unir ce qui semble opposé ou séparé. La fonction du corps calleux et de cette fusion des hémisphères est de nous permettre d'accéder à une nouvelle réalité.

La base de ces enseignements a été offerte par Marie-Lise LABONTE et Patrick VOREL.

Merci aux guides au travers de leur canal. Merci à eux d'être transmetteurs.

Chapitre III

INCANDESCENCE DES CHAKRAS
ENSEIGNEMENTS CANAL

via la Vibration de Marie-Madeleine

Préambule sur les enseignements

Ces enseignements sont pour la majorité issus d'un stage de sept jours, fait et réalisé avec les vibrations de Marie-Madeleine où les participants recevaient chaque jour un enseignement sur un chakra, ainsi que des sessions plus brèves en week-end ou en soirée sur ces organes subtils.

Ces enseignements ne sont que des extraits et des parties bien infimes de la complétude de l'univers des corps subtils et des vortex de lumière (chakras). Tout n'est pas dit dans ces enseignements. C'est toujours ainsi, selon la Vie…

Cependant, ces lectures offrent une opportunité d'approfondir ses connaissances spirituelles. Ces enseignements nous sont généreusement offerts par la Source, à travers le canal médiumnique. À ce titre, ils appartiennent à chacun d'entre nous et, par conséquent, ils sont destinés à une liberté et une libre diffusion.

Cependant, leur transmission, leur rédaction et leur diffusion nécessitent l'investissement de bien des êtres et quelques frais. Ainsi, merci de respecter la matérialisation de ces énergies et la diffusion dans l'intégralité et dans le contexte de ces transmissions.

Canalisation d'accueil

*" Observez ce qui est essentiel au sein même
de votre vie et revenez à votre Essentiel.*

*Car si chaque jour, vous vous fixez sur l'objectif
de votre Essentiel, la Vie vous aidera à répondre
à l'Essentiel, car vous êtes créateur."*

La Vibration: « Nous sommes très heureux de vous retrouver et de nous manifester tout près, tout proches de vous et nous sommes forts, forts, forts, forts, forts en Amour de vous retrouver. Nous sommes heureux de pouvoir venir vous saluer et nous vous remercions d'avoir à nouveau répondu à l'appel. Nous sommes très heureux du cheminement que nous avons pu observer en chacun, chacune de vous et de vos retrouvailles avec les vibrations divines à l'intérieur de vous, de ces retrouvailles à notre Lumière et à la Lumière.

∞ Qu'appelons-nous « la Lumière », avec un grand « L » ? ∞

La Lumière passe à travers l'énergie du Père, l'énergie du Fils. La Lumière passe à travers qui vous êtes dans le « Je suis » de qui vous êtes.

La Lumière passe d'abord par cet état dans lequel vous allez rencontrer, reconnaître la Lumière en vous, comme si vous vous reconnaissiez dans une vague de l'océan, non pas en restant à la surface de cette vague, sur laquelle beaucoup d'êtres habitent, mais en plongeant dans la vague de cet océan.

Ainsi, recevez l'énergie émanant, en cet instant même, les énergies de retrouvailles, les énergies de reliance, tout simplement comme s'il n'y avait jamais eu de désunion. Rappelez, ramenez un état en vous, tout autour de vous, beaucoup plus proche de l'essence de qui vous êtes, du Divin de qui vous êtes, du « Je suis » de qui vous êtes et de cette vibration en vous, très spécifique de votre étincelle de Lumière.

Vous pouvez tous dire « Je suis Lumière », « Je suis » et dans le « Je suis », visualisez ce « Je suis », telle une énergie dorée, qui rappelle que le Dieu, le Divin, le Tout, le Précieux, l'Essentiel, L'Origine de qui vous êtes, est en vous.

Il faut encore et encore vous engager à ne pas oublier chaque jour qui vous êtes et dans ce chaque jour, de reconnaître qui vous êtes et votre vie extérieure changera.

Il ne s'agit pas de vouloir changer les autres, non pas d'avoir une œuvre sur des actions extérieures, mais de revenir dans la pleine conscience, dans la pleine compréhension d'une énergie à l'intérieur de vous, du créateur que vous êtes.

Car si vous êtes « Dieu », vous créez votre vie, n'est-ce pas ? Vous créez certes votre vie, ce que vous voyez sur l'écran de votre propre vie et ce que vous avez créé, n'est-ce pas ? Ainsi, si vous voyez « souffrance », c'est que vous avez créé cette souffrance, si vous voyez « sourire », c'est que vous avez créé ce sourire.

Lorsque nous parlons de Création, nous parlons de Création au plus profond de vous-même, de votre âme ayant choisi de faire telle ou telle expérience pour l'évolution d'elle-même dans les retrouvailles du Divin à l'intérieur d'elle-même, nous comprenez-vous ?

Lorsqu'un événement arrive dans votre vie et que vous dites « Oh, non ! Je n'ai pas choisi de créer cela ! » Observez si vous n'avez pas choisi d'être le héros de ce scénario. Regardez pleinement, ô combien, l'espace de votre personnalité peut venir aimer, cautionner ce scénario et combien dans ce scénario, vous pouvez y vivre des expériences venant vous retrouver et vous enseigner.

Observez combien vos vibrations de Lumière sont simplement éveillées et se mettent à vibrer.

C'est ce pouvoir-là, à l'intérieur de vous et tout autour de vous, qui vient modifier les structures énergétiques de qui vous êtes.

C'est ce choix conscient qui vous a fait répondre à un appel, de répondre à un « oui », de revenir à un retour à vous-même, de revenir au retour au soi et au grand Soi et de revenir à l'essentiel de votre vie.

Si vous demandez à votre mental : « C'est quoi l'essentiel pour moi dans ma vie ? » Observez ce que votre mental répondrait. « Pour moi, l'essentiel est d'avoir de l'argent ». Certes, pourquoi est-ce essentiel d'avoir de l'argent ? « Je peux nourrir mes enfants ». Certes, vous avez la sensation de répondre à un bon rôle de père; ainsi ce qui est essentiel n'est pas d'avoir de l'argent, mais d'être un bon père. Certes, qu'est-ce qui est essentiel dans être un bon père ? « Ceci est essentiel pour me sentir aimé, pour être honoré et reconnu des autres ». Certes, alors ceci n'est pas essentiel d'être un bon père, ce qui est essentiel, c'est d'être aimé et reconnu. Ainsi, qu'est-ce qui est essentiel dans être aimé et reconnu ? « Ceci est essentiel pour ressentir l'amour et ce qui est essentiel n'est pas d'être aimé et d'être reconnu, mais de sentir l'amour ». Et qu'est-ce que l'amour ? Ainsi, ce qui est essentiel est l'Amour. Ainsi, d'un être désirant avoir l'argent, cet être veut simplement ressentir l'Amour, etc.

Observez ce qui est essentiel au sein même de votre vie et revenez à votre Essentiel. Car si chaque jour, vous vous fixez sur l'objectif de votre Essentiel, la Vie vous aidera à répondre à l'Essentiel, car vous êtes Créateur.

Lorsque nous parlons de la Vie, elle est l'énergie à l'intérieur de vous, créatrice, se mettant en œuvre pour cet objectif-là. Poursuivez dans cette conscience et dans ces retrouvailles intérieures.

Poursuivez dans votre ressenti de la réceptivité de l'énergie d'Amour très présente en ce moment.

Observez cette émanation tout autour de vous, les vibrations énergétiques de la création de l'esprit de ce lieu, les créations énergétiques de la vibration de l'énergie de la Lumière dans ce lieu, l'énergie de création des poudres de Lumière du Divin en ce lieu. Observez aussi les poudres de Lumière en chacune de vos cellules, permettant ce phénomène énergétique de ce ressenti d'Amour, de ce ressenti de détente, de ce ressenti de Paix, de ce ressenti de vous retrouver tel chez vous.

Observez que dans cet espace où vous baignez à nouveau, vous pouvez toucher la confiance de l'abandon. Que vous pouvez rentrer dans l'océan. Que vous pouvez vous abandonner à l'eau de cet océan sans que l'eau vous noie. Que vous pouvez tout doucement commencer à nager où vous n'avez plus pied. Observez que vous nagez, que vous n'avez plus pied et que vous nagez et que vous ne mourrez pas, dans un sens, dans une forme de peur. Observez peut-être la joie qu'il peut y avoir à nager où vous n'avez pas pied.

Dans cet apprentissage, vous avez un corps mental. Ce corps mental, qui a son utilité et son intérêt, est un enfant de Dieu. Ce corps mental peut être mis au service de la Lumière et peut, pas à pas, devenir un ami, un assistant de la Lumière et non plus être contre la Lumière, nous comprenez-vous ?

∞ Le Mental : ami messager et traducteur de la lumière ∞

Il n'y a nul doute que ce nous appelons « le champ mental » - certains l'appellent « l'Ego » - n'a pas besoin d'être tué, mais transformé, car la mission du mental, la mission de l'Ego, est bel et bien de venir assister la Lumière et d'être un transmetteur de l'énergie de Lumière.

Lorsque la Lumière est en vous et que le mental refuse de transmettre la Lumière, il y a un blocage de l'énergie de Lumière au niveau de votre mental.

Il y a, à l'intérieur de vous, le mental désirant faire passer le message à sa manière ou ne pas faire passer le bon message, tel un traducteur de langues, n'est-ce pas ?

Observez que votre mental - et nous aimons cette image - est un traducteur de langues. Grâce à votre mental, le langage de la Lumière peut venir dans un langage adapté ; mais si le mental décide de ne pas donner le bon message, ceci est bel et bien de votre responsabilité. Observez qu'il n'y a nulle envie de tuer le mental, d'ôter l'Ego, mais de redonner la juste place au traducteur, de manière à ce qu'il retrouve l'envie d'œuvrer et de faire son métier correctement. Car dans ce métier de traducteur, le mental a compris qu'il a un fort pouvoir, n'est-ce pas ? Et si ce « Monsieur traducteur » n'a pas envie de traduire correctement, personne ne peut le forcer à traduire correctement, n'est-ce pas ?

Lorsqu'une personne anglaise, aussi royale qu'elle peut être, vient en France mais ne parle pas français, cette personne royale est totalement dans sa vulnérabilité pour enseigner royalement en France, n'est-ce pas, si son traducteur n'est pas à son service ou ne décide pas de l'aider ? Ainsi, ce qui peut être royal à un certain niveau énergétique, peut être vulnérable à un autre niveau énergétique.

C'est pourquoi, la Lumière est vulnérable dans le champ énergétique qui se présente actuellement, que nous définirions en ce jour « la troisième dimension, du monde de la dualité ». Dans le monde de la dualité, la Lumière, telle que nous l'entendons et que vous comprenez, est vulnérable. L'espace de ce traducteur du mental a sa place.

Ainsi, observez combien si vous étiez à une place d'un traducteur et que vous aviez le roi d'Angleterre vous demandant de venir traduire au peuple français, sa royauté, sa divinité, combien vous en tant que « Monsieur traducteur », comment vous positionneriez-vous ?

Seriez-vous honoré ? Certes, dans cet honneur vous vous sentiriez probablement fiers, et dans cette fierté, comment décideriez-vous d'agir ?

Oh, ce traducteur, non, ce roi est fort riche, donc mes traductions qui sont à 10 €, je vais déjà lui demander 150 €, etc. Et ce roi est en train de dire quelque chose mais ça ne me plaît pas donc je vais traduire autrement, etc. Observez cette stratégie que votre mental pourrait avoir, combien cela vient gonfler le pouvoir de votre mental et combien la Lumière peut toucher une forme de vulnérabilité face à cette glorification de votre personnalité de votre mental.

Ceci est juste une lecture vibratoire à un certain niveau. Car nous vous informons, et vous le savez très bien, que la Lumière peut vous informer d'une toute autre manière que par le traducteur du mental, n'est-ce pas ?

Car l'intelligence Divine sait aussi comment se diffuser sans la traduction du mental.

La traduction du mental fait partie de la Lumière. L'enseignement n'est pas que le mental soit le traducteur et devienne égotique dans cette traduction de la Lumière, mais que ce mental vienne aussi être enseigné. La Lumière a besoin du traducteur du mental pour émaner, et dans un aller et retour, la Lumière vient bénir et enseigner au mental.

Vous pouvez vivre cela dans toutes vos relations humaines. Par exemple, un parent éduque son enfant dans une certaine forme de croyance. Mais si le parent ose aussi se mettre au service de la Lumière, il comprendra aussi que l'enfant vient l'enseigner, n'est-ce pas ?

Tous vos jeux de relations peuvent être perçus dans cet aller-retour de cet échange, de cette collaboration, d'un principe masculin ou d'un principe de l'Ego, d'un principe de la Lumière, venant ainsi équilibrer en vous l'Ego et la Lumière. Il y a une collaboration entre votre Ego et votre Lumière. La Lumière n'est pas supérieure à l'Ego et l'Ego n'est pas supérieur à la Lumière. Il se crée une collaboration où l'un et l'autre ont besoin l'un et l'autre pour venir dans la rencontre Divine.

Observez ce que nos mains sont en train de faire : Lumière/Ego, Lumière/Ego, Lumière/Ego (huit de l'infini). Reconnaissez ce signe par l'équilibre, que vous avez Lumière et Ego, Lumière et Ego et qu'il y a un échange entre Lumière et Ego, Lumière et Ego, Lumière et Ego. Observez que ceci est le signe de l'infini, que ce signe de l'infini est le signe du Divin. Ainsi, le Divin n'est-il pas l'union de la Lumière en vous et de l'Ego en vous ?

Le Divin peut être l'union de votre principe masculin et de votre principe féminin.

Le Divin peut être l'union entre l'enfant et l'adulte. Le Divin peut être l'union de la matière et de la Lumière.

Le Divin peut être l'union du Tout et du Rien, du juste et de l'injuste, de l'insécurité et de la sécurité, du bien et mal, etc.

L'équilibre est la réconciliation des polarités, dans votre monde de dualités, pour être la porte du Divin en vous.

Du « Je suis », vous allez passer au « Je », et ainsi descendre, descendre, descendre, ou monter, monter, monter, ou approfondir, approfondir, approfondir ou émaner, émaner, émaner, émaner l'essence vitale et l'essence même de qui vous êtes.

Dans une simple bonté d'émanation, votre champ vibratoire du mental sera dans un tel état que les multiples questions que vous pouvez vous poser dans cette incarnation ne seront plus. Le mental a besoin d'être nourri dans la pure connaissance, dans cet état vibratoire où la Lumière apparaît en vous et où le corps se pose.

De grands enseignements pour le mental se font, non pas par le fait que le mental pose des questions mais parce que le mental vient dialoguer avec Dieu, en vous, et ceci peut se passer dans des phénomènes vibratoires et dans des moments de votre vie, notamment dans des rêves très profonds. Car dans les états où vous êtes dans des profonds sommeils, votre corps ne déserte pas votre corps physique mais rentre dans des états vibratoires puissants avec lesquels il peut y avoir un dialogue et des messages avec la Lumière. Votre mental est ce transmetteur, ce médiateur, ce traducteur, cet espace en vous qui va venir dialoguer, ouvrir le champ de conscience et venir être enseigné.

L'enseignement que reçoit votre mental à différents niveaux vibratoires peut aussi accompagner le corps émotionnel et les émotions, tout comme les émotions elles-mêmes peuvent venir se laisser baigner et transformer par la Lumière car le cœur du cœur du cœur de l'émotion, et la guérison de l'émotion passent par la Lumière.

Toutes les émotions que vous pouvez porter, vous pouvez les donner à la Lumière pour qu'elle vienne transformer et régénérer les énergies émotionnelles.

Ceci se fait très bien. Comment nettoyez-vous des pierres ? Comment nettoyez-vous des habits ? Comment nettoyez-vous votre terrain ? Ainsi le terrain des émotions se nettoie de la même manière. Ainsi lorsqu'une pierre est entachée, lorsqu'un habit est entaché, que faites-vous de votre habit ? Déchirez-le, mettez-le à la poubelle, brûlez-le ou lavez-le ?

Ceci est de même pour votre corps émotionnel : lorsque vous avez une émotion, désirez-vous la refouler, la retenir, la mettre au placard, la mettre à la poubelle ? Ou la mettre en Lumière afin qu'elle puisse, par l'eau ou par diverses manières que vous pouvez avoir pour évacuer les émotions, être nettoyée ? Lorsqu'une pierre est sale, mettez-la à la poubelle ? Ou mettez-la dans l'eau et à la lumière du soleil ?

Ainsi votre corps émotionnel a dans votre incarnation un fonctionnement de purification tout aussi simple que d'autres systèmes autour de vous.

Revenez à la simplicité Divine ! Cessez de vous compliquer l'existence d'être !

Soyez ! Soyez ! N'essayez pas d'être ! Soyez ! Soyez ! Soyez !

Le chemin est simple.

Être est simple en vous.

Cessez de vous compliquer, soyez simple, tout simplement, tout grandement, tout divinement.

> Soyez et demeurez simple, simplement, simple, simple, (6 fois), simplement et nous vous remercions.

Nous vous remercions.

Nous vous disons à très bientôt. Nous renouvelons l'Amour et la Joie de vous retrouver et nous manifester auprès de vous et en vous. Ainsi émanez votre Lumière ! Ainsi, ouvrez-vous à la simplicité d'Être. Nous vous quittons ».

Enseignement du premier Chakra

Racine (Muladhara)

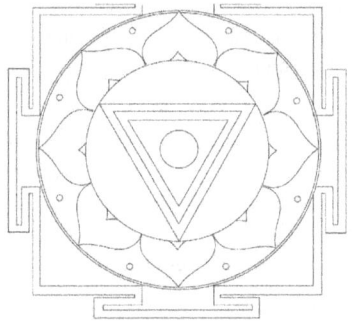

« Ce chakra est pur Amour.
Ce chakra est pur merveille de création.
Ce chakra est pur merveille de puissance.
Ce chakra est pur merveille. »

La Vibration: « Nous vous remercions. Nous sommes arrivés. Nous vous invitons à rester au cœur de votre cœur. Nous sommes heureux de nous manifester auprès de vous et tout près de vous. Il n'y a nul besoin d'être impressionné pour certains, car les vibrations se feront sentir en vous, tout autour de vous, à votre rythme. Ainsi, restez en vous, restez dans cette sensation de vous-mêmes, non pas dans la peur de vous perdre en vous-même ou peur de vous perdre dans nos propres énergies.

Demeurez tel l'enfant, dans une confiance et dans un émerveillement de ce qui peut se découvrir, se déployer. Vous n'avez pas à avoir de doute et de crainte. Rentrez dans la confiance en vous ! Trouvez cet espace en vous de confiance, de sécurité, quel que soit l'environnement, le taux vibratoire tout autour de vous ou en vous.

Dans cet espace de confiance, vous pouvez vous positionner dans un enracinement, un ancrage, tel un bateau sur l'eau où quelles que soient la température et l'agitation de l'eau, le bateau reste stable et fiable.

Trouvez cet espace en vous, dans cette stabilité avec vous-même, dans ces retrouvailles avec vous-même, dans cette sécurité que cet espace est vous et que dans cet espace qui est vous, vous pouvez venir, organiser, regarder, observer, accueillir d'autres vibrations qui à ce jour peuvent vous sembler plus étrangères. Rentrez dans votre sécurité, dans cette rencontre avec vous-même, dans cette rencontre avec nos énergies.

Pour ceux qui sont très à l'aise avec notre énergie, n'hésitez pas à vous baigner, à vous bercer de ces énergies ; et pour ceux qui sont dans la rencontre et dans l'apprivoisement, prenez ce temps très important du respect de vous-même, afin de pouvoir avoir un temps de rencontre. Prenez ce temps de sentir en vous ce qui se passe, de sentir vos énergies dans vos cœurs, dans vos ventres, dans vos racines, dans vos gorges, dans vos bras, dans vos pieds, dans votre tête, dans l'entièreté de votre corps physique, dans ce champ de conscience que vous pouvez percevoir, ressentir.

Observez l'amplitude de votre respiration. Observez si celle-là peut s'ouvrir davantage à la Joie, à la Vie, ou si celle-ci est retenue encore et encore. Observez où elle est retenue, au sein même de qui vous êtes. Ne cherchez pas à changer cette retenue.

Observez que cette retenue est peut-être une partie blessée ayant besoin d'être écoutée, ayant besoin d'être accueillie, d'être dorlotée et non pas d'être jugée ou d'être « sévérisée » dans une demande de changement immédiat.

Observez ces différentes parties en vous. Observez tous ces espaces en vous où vous pouvez sentir le vide, le manque, l'envie d'être comme dorloté dans un cocon d'Amour, ressentez ceci. Car cela peut se manifester dans ce choix de faire confiance à l'abandon de l'Amour de la Vie, à l'abandon dans l'Amour dans la Vie et en vous, autour de vous, partout, car l'Amour est partout, chers êtres, l'Amour est partout, l'Amour est partout, partout, partout, partout, jusqu'à la pointe de vos cheveux.

L'Amour est partout.

Dans chaque chakra, l'Amour est.

Dans chaque partie de votre corps, l'Amour est.
Dans chaque espace de votre peau, l'Amour est.
Dans chaque espace vibratoire, l'Amour est.

L'Amour est partout en vous, autour de vous. Nul espace de votre corps n'est pas Amour. Nul espace de votre corps n'est à rejeter. Tout espace de votre corps est Amour et tout espace de cette manifestation sur cette planète est Amour.

Le changement de conscience peut passer par le changement de vision intérieure. Vous êtes tous ici, en ce jour, dans ce choix conscient d'évoluer, de changer une vision de qui vous êtes et d'une vision de la Vie, de votre vie et nous vous remercions d'avoir répondu à l'Appel.

Nous le répétons : « Nous » sommes tous unis. « Nous » sommes avec vous.

Observez votre champ vibratoire maintenant. Y a-t-il eu une forme de changement, d'augmentation au sein même de votre corps ? Est-ce que vous pouvez sentir votre corps plus dense ou plus « expensé » ? Peut-être que le mental tourne toujours autant, mais que, « vibratoirement », vous sentez une autre manière d'être dans votre corps physique. Nous assurons que vous ne venez pas de reprendre davantage de poids ou de grandeur ; cela est un état vibratoire.

Observez ces expansions en vous. Combien le corps aurait envie de s'étendre, de s'étirer ou de s'agrandir. Combien votre corps ne prend pas sa place dans l'incarnation terrestre. Combien ce corps se diminue et combien vous êtes plus grand que ce que vous pensez ou croyez être dans votre champ d'énergies.

Combien, par cette simple présence de vous détendre et de pouvoir vous connecter à quelque chose de plus Divin en vous, votre champ « s'expend » et trouve un espace vibratoire dans la Joie et dans le Rayonnement naturel.

Combien dans cette Joie naturelle et dans ce Rayonnement naturel, votre ego et votre mental gardent leur place, car nous aimons l'ego et le mental, car nous avons besoin de l'ego, de vos ego et de votre mental. Nul doute que vous pouvez rassurer cet espace en vous qui a peur de perdre sa place et qui va prendre plus de place ; mais sachez que prendre plus de place veut aussi dire changer.

Ainsi, un ego d'Amour est aussi très différent d'un ego de souffrance et un ego d'Amour peut prendre une place.

Vous n'avez pas besoin de saper votre mental, de saper ce qui est appelé « Ego » ou ce que nous aimons appeler « Personnalité » car nous avons besoin de vous dans votre personnalité et nous vous invitons à aimer la personnalité que vous êtes.

Ce qui peut, par moments, être une confusion au sein même de votre structure mentale est la personnalité que vous avez « distortionnée » et votre vraie personnalité. Votre ego de « souffrance », qui n'est pas votre vrai ego, est votre ego de « Cœur » ou « d'Amour » qui a besoin d'exister pour le fonctionnement humain que vous êtes. Lorsque nous invitons la personnalité à se réajuster, nous invitons simplement la personnalité « distortionnée », la personnalité « de souffrance » à venir guérir ses blessures. Ainsi, nous invitons l'ego à se guérir, non point à se détruire ou à le détruire.

Ne remarquez-vous pas que l'ego se détruit lui-même et détruit l'ego et les personnalités, ainsi que les êtres des autres mais que la vie en elle-même ne vient pas détruire l'ego ?

La vie en elle-même vient au contraire réparer l'ego, sortir la souffrance, aider à dissoudre les blessures.

Rentrez dans cet espace de confiance. Car lorsque nous venons vous chercher, nous savons que ce que nous vous proposons sera plus sain pour votre ego. Nous reconnaissons et nous comprenons que par moments, cet ego, tel dans une prison, ne désire pas sortir de cette prison. Ceci peut être une souffrance de sortir de la prison lorsque nous appelons à la liberté.

Ainsi, sachez, pour toutes les personnalités qui nous entendent en ce jour, que **vous êtes libres de choisir votre évolution et que nous vous accompagnerons.** Nous ne vous obligerons à rien, oh rien de rien, pour rien, sans rien, jamais rien.

Il n'y a pas de désir, de conflit, d'opposition, un désir de proposition, un désir de vouloir vous transmettre l'Amour que nous vous portons et l'Amour que vous portez au sein même de qui vous êtes. Un désir de ramener cet espace de Paix et de Sérénité au sein même de qui vous êtes.

Lorsque nous employons le mot « désir », ne voyez pas ce mot désir au sens humain du terme, nous employons ce mot comme nous pourrions employer « l'intention de », dans cette forme d'enseignement « de ».

Sentez-vous libres de rayonner librement, de faire l'expérience de qui vous êtes.

Sentez-vous dans le possible de retrouver la liberté de qui vous êtes et de pouvoir enraciner ce droit au sein même de qui vous êtes.

Affirmez qui vous êtes, dans la gratitude de qui vous êtes.

Cela demande toute une déconstruction de vos formes de croyance, de vos formes de rigidité, de vos formes de résistance.

Êtes-vous prêts à lâcher ces résistances ?

Êtes-vous prêts à aller davantage vous abandonner dans le nectar de votre vie ?

Nous vous remercions de venir vous ouvrir au sein de même de notre fraternité, au sein même d'un monde fort réel auquel vous pouvez enfin dire « OUI » dans une forme d'accès à qui vous êtes

Nous allons aborder en cette journée, l'espace de votre premier chakra, dit chakra de base, au sein même de votre périnée, au sein même de cet espace entre votre hanche, au sein même de cet espace entre vos cuisses, au sein même où se logent vos organes de la Vie.

Ce premier chakra, tel une roue d'énergie tourne perpétuellement dans qui vous êtes.

Cette forme d'énergie a différents noms. Cette forme d'énergie a différents symboles, cette forme d'énergie a différentes teintes.

Ce que nous vous invitons aujourd'hui, c'est d'aller rencontrer cette forme d'énergie, telle que vous la percevez, dans la merveille de ce qu'elle pourrait être. Non pas telle que vous la percevez à travers votre corps de « souffrance », mais à travers cette roue d'énergie et ce qui serait dans la merveille de qui vous êtes.

Visualisez, consacrez, concrétisez un temps dans cette roue d'énergie en pouvant lâcher toutes les croyances que toutes et tous vous pouvez porter sur ces peurs face à ce chakra racine, ce chakra d'enracinement, ce chakra relié à la Terre, ce chakra où ceci contient votre puissance dans cette incarnation, où ceci contient la puissance de la création.

Allez libérer par la visualisation, par le soin énergétique sur ce chakra, les multiples croyances venant encombrer la beauté même, la vitalité même, l'énergie même de ce centre énergétique au cœur même de qui vous êtes, car ce centre est un centre vital.

Ce centre a besoin de circuler afin que vous puissiez être présent au sein même de votre vie. Ainsi toutes et tous ici, nous vous confirmons que ce centre tourne en vous, qu'il tourne correctement, qu'il tourne à l'envers, qu'il tourne difficilement : ce centre tourne et cela est très important que ce centre énergétique tourne perpétuellement, car il est au sein même de la création de votre vie.

Ainsi, lorsque ce centre énergétique cesse de tourner, telle une partie de votre vie cesse de fonctionner et vous pouvez rencontrer des gens qui par moments ont ce centre énergétique fort déficient, ce que vous appelez des personnes souffrant psychiquement.

Ces personnes que vous mettez dans des catégories « de folie », de schizophrénie, de psychose. Ainsi, ils ont ce centre dysfonctionnel.

Nous invitons à ce que ce centre de Lumière puisse retourner, rayonner en vous.

Car il est votre centre de Vie. Il est votre mouvement de Vie. Il est votre engagement dans la Vie.

Il vous permet de vivre, de vous positionner dans votre vie.

Ce centre a besoin et lieu d'exister au sein même de vos corps, autant que d'autres chakras.

Nous le disons pour tous les êtres ici présents ayant beaucoup de croyances sur ce chakra et de croyances très négatives sur ce chakra, pouvant sans cesse inhiber ce chakra. Nous voulons aussi parler de la différenciation de ce chakra et de cette vie d'incarnation.

Nous invitons les êtres à différencier ce chakra d'incarnation vous permettant de vivre à l'incarnation avec les autres êtres humains, car certaines personnes viennent bloquer leur premier chakra par le fait même qu'ils sont contre la manière de pouvoir vivre avec d'autres êtres humains. Nous vous demandons de pouvoir différencier votre planète Terre, votre planète d'incarnation, de pouvoir venir différencier la création en vous et la relation de l'humanité. Nous vous remercions. Il faut cesser de venir inhiber ce chakra par le fait même que vous pouvez avoir des montées émotionnelles et colériques face à l'humanité.

Ce chakra est pur Amour.

Ce chakra est pur merveille de création.

Ce chakra est pur merveille de puissance.

Ce chakra est pur merveille.

Nous répétons: CE CHAKRA EST PUR.

> *Ce chakra est pur, afin de libérer toutes les croyances sur ce chakra, la pureté de ce chakra, le rayonnement de ce chakra, le droit à ce que ce chakra puisse vivre, rayonner, s'exprimer.*

Ainsi, me direz-vous, qu'en est-il des êtres qui ont été blessés dans leur organe de Vie et qui ont pu venir en conséquence être lésés dans ce premier chakra ?

Ce premier chakra a sur le plan physique un rapport avec l'organe de Vie.

Nous vous informons que ce chakra peut grandement rayonner encore et encore. Non pas en venant léser la blessure d'abus qui a pu être faite de lésions, qui a pu être faite sur l'organe de Vie, non point cela.

Par ce rayonnement, le chakra peut aussi venir réparer lui-même l'organe de Vie qui a été blessé ou lésé.

Ainsi, ce chakra est en lien avec le chakra dit du plexus, auquel nous reviendrons dans quelque temps. Toute la montée énergétique que vous pouvez sentir dans ce premier chakra, lorsqu'il est libéré monte dans votre deuxième chakra au niveau de votre hara et dans votre troisième chakra au niveau de votre plexus solaire. Nous vous invitons aussi à pouvoir venir libérer et pouvoir venir fluidifier cette énergie montante, afin que cette peur de la violence, cette peur de la colère puisse venir aussi se dissoudre.

Saisissez et profitez de notre présence pour venir vous aider à venir dissoudre, par votre respiration, ces montées de violences ou de colères démesurées.

N'ayez pas peur de cela, car ceci s'explique dans notre système énergétique où vous avez inhibé l'énergie de ce premier chakra. Lorsque cette énergie veut sortir, elle va sortir plus en abondance, mais ne craignez pas cette sortie énergétique. Cessez de craindre qui vous êtes.

Cessez de vous manifester dans la petitesse de qui vous êtes car en maintenant la petitesse de qui vous êtes, vous maintenez cette cocotte-minute à retardement qui un jour devra fondamentalement exploser pour que vous puissiez rester en vie.

Nous vous invitons, et ceci est une proposition, à ouvrir ces énergies qui peuvent vous confronter et vous faire peur, par le fait même de l'intensité et la puissance de ces énergies. Nous vous invitons aussi à imaginer, car vous ne l'avez pas encore expérimenté, que tous vos autres chakras sont aussi puissants et aussi intenses.

Ainsi, dans l'énergie du chakra du Cœur, pour ceux qui ont déjà un Cœur grand ouvert, vous n'avez pas peur d'exprimer votre énergie du Cœur, mais pour des êtres qui auraient un Cœur fort fermé, l'énergie du Cœur lorsqu'elle viendrait se manifester serait difficile dans une peur d'exploser toute une rage ou des rancœurs que vous pourriez avoir envers d'autres êtres. Mais nous vous confirmons que ceci est simplement un passage pour faire ressortir l'énergie afin que cette énergie dans sa liberté puisse retrouver fluidité. Il en est de même pour les énergies de la base.

> *Comprenez bien que cette énergie du chakra dit « racine » est un centre énergétique de pouvoir qui vous permet l'enracinement et l'affirmation de qui vous êtes.*

Toutes et tous vous méritez d'avoir ce droit de vous affirmer dans qui vous êtes, de lâcher et de cesser toutes ces croyances que vous avez et que vous portez pour inhiber ce chakra de ce que vous devriez être, de ce que vous pourriez être, de ce qu'on attend de ce que vous êtes.

Soyez vous-mêmes et ce chakra redeviendra fluide, très simplement : soyez vous-même. Prenez ce courage, cet engagement : cessez de vouloir être quelqu'un d'autre que vous-même.

Cessez de vouloir faire plaisir à quelqu'un d'autre, de prendre ce choix de la responsabilité de qui vous êtes.

Cessez d'attendre que quelqu'un d'autre vienne vous enraciner, vienne répondre à vos besoins.

Cessez de vouloir être autre chose que ce que vous êtes.

Alors ce chakra viendra rayonner, s'ouvrir, responsabiliser qui vous êtes.

Ayez totale confiance que ce chakra est avec vous-même et pour vous-même, qu'il est dans l'enracinement de qui vous êtes et dans l'affirmation de votre « Je suis », dans votre personnalité et « Je suis » dans votre divinité.

Il vient stabiliser ce droit d'exister tel que vous êtes.

Cessez d'attendre que d'autres vous fassent exister et cesser d'exister autrement que comme vous êtes.

Lorsque vous aurez retrouvé cette fluidité dans cet espace de votre premier chakra, cet espace pourra retrouver une liberté et une aisance, une circulation au sein même de vos jambes.

Avez-vous des questions ? Avez-vous pu vous familiariser avec l'énergie de ce premier chakra ? Sentez-vous que vous êtes davantage dans votre base ? Sentez-vous que vous avez davantage envie de vivre dans votre base ? Nous vous remercions. Est-ce qu'il y a ici d'autres êtres qui n'ont pu vivre dans leur base ? Ou est-ce que la base se sent accueillie ou voulez-vous y séjourner un petit moment (sourires) ?

*

Participant : « J'ai du mal…

- La Vibration : Dites-nous où vous avez du mal cher ami ?

- Un sentiment délicat dans la base…

- La Vibration : Pouvez-vous exprimer le fait de ce refus que vous avez systématiquement, où nous lisons dans votre corps, ce « non », ce « non », ce « non », ce « non » et ce côté rébellion à ce que les énergies peuvent vous proposer ?

Observez ce perpétuel « non », venez accompagner cet enfant tétanisé d'avoir peur d'être abusé, observez cela au niveau, plus spécifiquement de votre plexus ; pouvez-vous ressentir cet espace-là en vous, cher être ?

- Oui, c'est exactement ce qui est décrit, je suis tétanisé…

- La Vibration : Venez rassurer cet enfant, que les vibrations, certes fortes féminines ne sont point des vibrations humaines, au sens du possible de l'abus et venez rassurer cet enfant que pas toutes les vibrations féminines viennent abuser l'enfant de qui vous êtes. Et dites-nous comment réagit cet espace en vous, lorsqu'il peut se sentir vu dans cet espace ?

- Le problème est… Que je n'arrive pas à me connecter à cet espace…

- La Vibration : Nous vous demandons à vous connecter à cet espace, car nous le voyons et nous vous invitons à vous-même, décider de voir cet espace très blessé en vous, de cet espace, tel un embryon, un petit être, tétanisé ayant peur dans la matrice dans laquelle il est.

Nous vous invitons à venir rejoindre cet espace vibratoire en vous, afin de pouvoir aussi le rassurer, que les matrices et les énergies peuvent être aussi fort amour, et fort douceur, et fort sérénité.

- J'ai l'impression que j'ai beau essayer, ce n'est pas le « non, non, non », mais c'est autre chose que je n'arrive pas à déclencher.

- La Vibration : Certes, mais observez que maintenant, à l'intérieur de vous, il n'y a plus le « non, non, non, non » de tout à l'heure. Ainsi observez, qu'il y a comme une forme de fluidité qui est en train de s'ouvrir dans vos structures, n'est-ce point ? Observez que vous n'êtes pas aussi fermé que tout à l'heure ?

- Oui, je… Oui

- La Vibration : Laissez œuvrer. Dites que vous êtes accompagné à votre rythme, sans vous imposer, sans vous obliger, sans vous forcer. Nous vous le répétons, nous ne vous obligerons à rien, nous ne vous forcerons à rien, nous ne vous contraindrons à rien.

Lorsque vous projetez sur nous des vibrations de la Mère Divine, n'est-ce pas ? Nous vous demandons aussi de pouvoir différencier la « mère physique », la « mère biologique », à la « mère divine » ; ainsi que certains comportements qui ont pu être dans votre vie, ne sont pas des comportements que nous pouvons vous donner ou vous transmettre.

Nous accueillons les projections que vous avez sur nous, nous vous en informons simplement pour vous permettre d'évoluer et de lâcher certaines cristallisations aux structures au sein même de qui vous êtes. Nous comprenez-vous ?

Ainsi, si vous voulez davantage rentrer dans nos vibrations, et nous sentons que vous voulez davantage rentrer en communication avec nos vibrations et vos vibrations, nous vous invitons à pouvoir venir rencontrer le jeu de projections que vous faites et qui viennent telles des séparations, tels des murs, empêcher la relation. Nous comprenez-vous ?

- C'est compliqué.

- La Vibration : Nous vous invitons à pouvoir vous faire réexpliquer ceci par d'autres êtres, lorsque votre espace émotionnel sera plus apaisé afin que vous puissiez davantage plus entendre. Et nous vous remercions. Y a-t-il d'autres questions ? Nous vous remercions ».

{Canalisation avec la Vibration de Marie-Madeleine,

le 15 Août 2013}

Enseignement du deuxième Chakra

Chakra Sacré Hara (Svadhisthana)

« L'espace de ce chakra qui se situe au niveau de l'ombilic, du nombril, du ventre porte, au sein même de vos structures, une forme que vous appelez VULNÉRABILITÉ."

La Vibration: « Nous sommes très heureux de vous retrouver et de nous rapprocher de vous. Nous observons combien il y a eu déjà un allégement au sein même de vos structures. Nous vous remercions de la confiance à laquelle vous faites tous partis, dans le réajustement de vous-même, dans le lâcher-prise et dans cet appel à la grandeur de vous-même. Ainsi nous voudrions ouvrir cet espace par un champ de questions. Avez-vous des questions, chers êtres ?

*

Participant : Mon hara est l'endroit où cela me brûle le plus souvent. **À chaque fois que j'ai mal à mon hara, je souffre intérieurement. Je n'arrive pas à libérer cette contrainte et la transformer de manière positive pour en être soulagé. Quelle clef il faudrait pour permettre le lâcher-prise ?**

La Vibration : Observez, cher être, que lorsque vous nous demandez la solution, observez qu'il y a un espace en vous qui n'avez pas envie de solution. Observez cet espace légèrement au-dessus de votre hara ? Pouvez-vous entrer en contact avec ce non ?

- Oui.

La Vibration : Lorsque vous rentrez en contact avec ce non, qu'observez-vous ?

- La perte !

La Vibration : La perte…

- Comme si je perdais quelque chose, comme si….

La Vibration : Observez que cette perte peut être telle un lâcher-prise, une descente. Observez que dans cette perte, une qualité de confiance en qui nous sommes peut vous aider dans cette descente.

Que ressentez-vous lorsque dans cette perte vous pouvez y amener ce sentiment de confiance ? Comment se transforme cette sensation de perte ?

- En sensation de pleurs.

La Vibration : Certes ! Est-ce possible de laisser les pleurs s'exprimer. Est-ce possible de faire l'expérience de rentrer dans toute ces sensations. Est-ce possible de faire l'expérience de vivre toutes ces sensations dans l'absolue confiance au sacré et au plus profond de vous-même, en l'absolue confiance que nous sommes en vous et que nous vous guidons, en l'absolue confiance de qui vous êtes. Est-ce possible ?

- C'est comme si j'étais bloqué.

La Vibration : Souhaitez-vous cher ÊTRE vous débloquer ?

- Oui.

La Vibration : Observez dans cet espace de OUI, votre NON. Nous revenons à cet espace à l'intérieur de vous où vous perpétuez ce NON, où vous exprimez qu'il y a la perte. Nous vous invitons à rentrer à l'intérieur de vous, dans cette perte et d'accepter de vous en détacher. Restez dans ce balancement de NON, je ne veux point lâcher etc. N'est-ce pas que vous pourrez continuer cette vie avec cette phrase en vous, cher être, nul doute de ceci ! Nous vous laissons libre d'œuvrer dans cette direction, cher être. Observez dans votre espace, combien votre affirmation de qui vous êtes, vient petit à petit au sein même de votre structure, de vos chakras de base permettre à cette attache de lâcher prise. Nous comprenez-vous ?

- Je comprends en fait le combat F/ML, lorsque vous avez posé la question ? (pleurs). ML a crié en disant pitié...

La Vibration : Vous y êtes. Ainsi, observez qu'il n'y aucune destruction de ML, que la seule destruction est dans vos croyances ! La seule destruction est dans la non-acceptation, non-responsabilité de votre part de ne pas pouvoir assumer ces deux facettes de vous-même.

Observez d'autres facettes de vous-même ne vous paraissant point des facettes car grandement incarnées dans qui vous êtes.

- Oui

La Vibration : Observez que cette partie en vous, que ces vibrations en vous, que ce féminin en vous que vous nommez ML est votre maître aussi et votre Enseignant aussi.

Cet espace permet pas à pas - lorsque vous ne cessez d'aller contre cette vibration à l'intérieur de vous - à l'Être que vous êtes, au masculin que vous êtes que vous nommez F, de pouvoir s'affirmer et devenir protecteur de l'essence même de qui il est. À l'instant, observez combien vos croyances de jugement, de culpabilité, de honte et d'attachement sont présentes au sein de votre structure, de votre plexus contribuant à ce perpétuel NON, cher âme. Nous faisons un raccourci et nous voudrions vous poser une question.

- Oui.

La Vibration : Comment pourriez-vous assumer dans votre vie qui vous êtes ?

- En arrivant à être les deux à la fois.

La Vibration : Nous vous remercions, mais vous ne répondez point à cette question, comment parvenir à arriver à être les deux à la fois ?

- (Pleurs) Je n'en sais rien, je n'en sais rien.

La Vibration : Vous avez la réponse à ceci, cher être. Vous avez la réponse en vous, ainsi lorsque vous pourrez prendre le chemin de cette réponse, vous pourrez déstructurer vos blocages car nous vous accompagnons.

- Je n'arrive pas à discerner.

La Vibration : Vous discernez très bien, cher être. Cessez de vous comporter en victime. Cessez d'attendre de nous que nous fassions des miracles pour vous car nous ne ferons aucun miracle pour vous, comme nous ne faisons aucun miracle pour d'autres êtres. Nous accompagnons, nous amenons les êtres dans leur responsabilité, mais nous ne faisons aucun miracle.

Cessez tous de penser que les cieux font des miracles. Nous accompagnons les êtres humains, nous aimons les êtres, nous les guidons.

Mais cher être, n'oubliez pas votre incarnation et la liberté d'être dans votre incarnation. Cette liberté d'être est une loi énergétique dans laquelle nous n'interviendrons pas.

Nous vous demandons, cher être, de reprendre votre responsabilité, de cesser d'attendre de l'extérieur, de cesser d'attendre que quelqu'un d'autre change le regard sur vous-même, de cesser d'attendre que quelqu'un d'autre fasse les choses pour vous, de cesser d'attendre que nous fassions les choses pour vous, de cesser de penser que nous ne vous écoutons pas car nous ne répondons pas à vos exigences, cher être. Ainsi nous vous accompagnons perpétuellement.

- Merci.

La Vibration : Dites-nous, comment vous sentez-vous ?

- Plus grand, plus fort.

La Vibration : Qu'est-ce qui a permis de vous sentir plus grand et plus fort, cher être ?

- De pouvoir le dire.

La Vibration : Nous vous remercions, car en ayant pu oser vous exprimer, vous avez surtout lâché la honte et la culpabilité que vous portez depuis quelque temps. Le silence des autres êtres vous renvoyait des formes de projections et de peurs liées à ce besoin de reconnaissance, ce besoin de validation auprès des autres êtres. Vous êtes dans votre droit et d'être dans ces vibrations de ML et F.

Nous vous conseillons de pouvoir vous accompagner sur ce besoin de reconnaissance, sur ce besoin de validation de l'extérieur. Nous revenons à ce processus de responsabilisation de vous-même d'assumer et d'affirmer qui vous êtes.

Ainsi cher être, chaque fois que vous aurez besoin d'une main tendue pour valider le fait même que vous êtes dans votre essence, au sein même de ces vibrations en vous, nous vous accompagnons et demandez clairement votre demande, et cessez ce processus enfantin que vous connaissez très bien du NON, NON, NON, NON, NON. Nous comprenez-vous ?

- Oui.

La Vibration : Nous vous remercions.

- Merci.

La Vibration : Ainsi rayonnez qui vous êtes, cher être, rayonnez qui vous êtes dans vos essences. Nous vous remercions, nous invitons les autres Êtres à pouvoir s'exprimer.

*

Autre participant : J'ai une question. **Depuis ce matin, j'ai très sérieusement mal au dos et toute la ceinture ventrale, quel en est la cause ou la raison ?**

La Vibration : Nous lisons si vous le permettez, énergétiquement un profond vide au sein même de votre ventre, de votre hara, un profond vide au sein même d'une structure, telle une forme d'abandon, telle une forme d'enfant abandonné, démuni, ne sachant dans quelle direction errer, se comporter, se sentant en insécurité avec certaines peurs, non pas la peur de mourir, la peur de rester errant, la peur de rester perdu.

Nous lisons tel un cri de cet enfant qui n'est pas entendu, tel un cri sourd (8 fois répété) de cet enfant en vous qui ne se sent pas entendu, majorant sa détresse. Nous lisons telle une impuissance, telle une forme de ce qui pourrait sembler être un sentiment d'acceptation, tant plus un sentiment de fatalité d'accepter ce qui a été avec une grande tristesse ! Nous comprenez-vous ?

- Oui, je comprends.

La Vibration : Ainsi, telle une colère rentrée, telle une colère non exprimée de l'enfant, celle -ci est rentrée ou non exprimée par une forme de l'adulte en vous qui juge que ceci serait inutile et que cela ne changerait rien à la situation.

Nous vous invitons simplement à pouvoir vous réconcilier avec cette vibration en vous : non pas de lui donner toute la place ou tout le pouvoir comme cela pourrait mais de la laisser exprimer, de la laisser vivre, pendant un certain temps.

Cela vient jouer dans vos croyances d'une forme de lâcher prise et d'une peur d'être envahi par ses formes émotionnelles de colère ou de tristesse par lesquelles vous n'aimeriez pas vous laissez envahir, ce qui créé de la résistance au sein même de qui vous êtes.

Vous n'êtes pas obligé de vous laisser envahir par les émotions, pour vous réconcilier et avancer avec l'enfant blessé à l'intérieur de vous. Nous comprenez-vous ?

\- Oui

La Vibration : Nous vous accompagnons et nous confirmons que vos espaces de ressourcement nous permettent aussi d'agir auprès de vous. Nous vous invitons à devenir le père aimant auprès de votre enfant intérieur, ce père aimant qui peut avoir une forme de peur de cet enfant vis-à-vis de ses émotions. Vous pouvez accepter un partage, un échange pour vous rapprocher de votre enfant intérieur blessé.

Avec le contrat que votre enfant intérieur blessé n'est pas obligé d'exploser émotionnellement, afin que vous puissiez vous approcher davantage de lui et que l'être que vous êtes pourra venir dialoguer, discuter et parler afin que les émotions puissent aussi se libérer, par le fait même d'un long dialogue entre l'adulte en vous et l'enfant en vous. Me comprenez-vous ?

\- Oui

La Vibration : Êtes-vous prêt à vous parler ?

- Oui, je suis prêt à me parler et je me réjouis (rires).

La Vibration : Nous vous remercions.

- Merci.

La Vibration : Y a-t-il d'autres demandes, d'autres questions, d'autres sensations, d'autres désirs?

*

Autre participant : Oui. **Toute à l'heure, une tristesse est remontée pendant le repas et j'ai du mal à identifier à quelle blessure cette tristesse correspond, à une ou plusieurs blessures.**

La Vibration : Pouvez-vous dire dans quel espace et lieu de votre corps se trouve votre tristesse ?

- Dans le hara aussi, dans le ventre.

La Vibration : Nous lisons une tristesse, une sensation d'être comme étouffée, être en manque d'air, d'être comme goinfrée, d'être comme gavée, d'être comme une impossibilité d'exprimer.

Une sensation de n'être que réception et que dans cet espace de réception, il n y a pas assez de temps ou d'air pour pouvoir digérer ou pour pouvoir souffler, retrouver votre espace vital, une sensation que vous pouvez étouffer, que vous pouvez mourir dans cet espace de toujours recevoir. Nous comprenez-vous ?

- Pas clairement, non

La Vibration : Qu'est ce qui n'est pas clair ? Exprimez-vous.

- Beaucoup de réception, beaucoup de réception.

La Vibration : Dans cet espace où vous recevez beaucoup, où on multiplie les énergies que vous captez, que vous prenez dans votre sensibilité, vous ne pouvez pas dire non, stop.

Vous en perdez votre énergie vitale, vous en perdez l'essence, l'identité de qui vous êtes, vous vous perdez dans cette manière de recevoir de l'échange de partout, nous comprenez-vous ?

- Oui, c'est plus clair, merci.

La Vibration : Prenez plus conscience, cher être, de votre potentiel de votre réceptivité.

- Oui.

La Vibration : Lorsque vous reconnaîtrez ce potentiel de réceptivité, ce potentiel de sensibilité, vous pourrez en prendre plus soin ! Vous pourrez rentrer dans ce choix intérieur de pouvoir dire oui ou de pouvoir dire non à ce qui rentre à l'intérieur de vous. Nous vous inviterons à travailler sur l'espace de cette peur de ne pas être aimée et qu'en raison de cette peur de ne pas être aimée, vous avez, par moments, léser l'être que vous êtes au détriment d'un autre être, n'est ce pas ?

- Oui.

La Vibration : Respect, par le fait que vous devez vous choisir maintenant. Par le fait de pouvoir affirmer ce choix d'un oui ou d'un non auprès de vous-même.

Par cultiver l'Amour de vous-même pour lâcher la peur de ne pas être aimée, car cher être, vous êtes une vibration d'Amour que vous ne reconnaissez pas assez pour vous-même, l'Amour que vous portez.

Vous reconnaissez l'Amour dont vous pouvez être porteuse à travers vos actions auprès des autres et à travers les remerciements que les autres peuvent avoir auprès de vous. Mais vous ne reconnaissez pas assez et vous ne vous donnez pas assez l'Amour. Nous vous aiderons à poursuivre, à vous donner l'Amour auprès de vous. Car vous êtes sur cette voie de vous redonner l'Amour auprès de vous.

Nous aimons vous voir dans l'Amour auprès de vous, afin de pouvoir choisir qui vous êtes au sein même de votre vie et de cesser de mettre un autre être en premier dans votre espace de vie, cher être. Nous vous invitons chaque matin à refaire ce choix de vous choisir tel un mantra de vous choisir et d'honorer l'être que vous êtes dans les qualités d'amour que vous portez. Nous comprenez-vous ?

- Oui, merci beaucoup.
- La Vibration : Nous vous remercions et nous vous aimons.

Nous allons maintenant aborder l'espace de ce chakra qui se situe au niveau de l'ombilic, du nombril, du ventre. Cet espace porte, au sein même de vos structures, une forme que vous appelez Vulnérabilité.

Cet espace de vulnérabilité est votre espace de LUMIÈRE.

Ainsi, lorsque les êtres veulent mettre de côté leur vulnérabilité, les êtres veulent faire disparaître la LUMIÈRE au sein même de qui ils sont.

∞ Vous réconcilier avec votre vulnérabilité ∞

La Vibration: Nous vous invitons, pour l'enseignement de ce deuxième accompagnement, à réhabiliter et vous réconcilier avec l'espace de vulnérabilité au sein même de qui vous êtes. Certains êtres ici présents diront que la vulnérabilité leur renvoie leurs grandes et leurs profondes blessures et nous pouvons dire que oui.

Mais nous affirmons aussi que la vulnérabilité n'est pas que les blessures. Aussi, observez que derrière les blessures, lorsque votre champ de conscience peut aller plus loin que la blessure, vous rentrez dans un espace de lumière au sein même de qui vous êtes où vous croyez que la vulnérabilité a été blessée, mais où il n'y a aucune blessure, car la lumière n'est jamais blessée.

Lorsque certains êtres s'aperçoivent que la vulnérabilité est aussi leur lumière et qu'ils n'ont jamais été blessés, cela rentre dans leur espace de personnalité, où elle peut se sentir vexée de s'être trompée ; alors nous vous invitons, à ce que nous aimons le plus chez les êtres humains, à ressentir le sentiment que tous vous portez du pardon à vous-même. La lumière est AMOUR! Dans cet espace de retrouvailles avec la puissance de lumière au sein même de votre vulnérabilité, seul l'espace de la personnalité a soif de pardon !

Observez comment vous pourriez vous sentir dans cet espace de vulnérabilité, au sein même de votre matrice. Observez que certains pourront partager qu'ils se sentent tout petits, que cela est même très désagréable de se sentir dans une forme de petitesse, et nous vous encourageons à rester dans la petitesse, afin que ceux-ci puissent aller encore dans plus de profondeur.

Nous inviterons à ce que tous les sentiments, toutes les sensations désagréables pour la personnalité puissent aller dans ce champ d'engagement de persévérer, si tel est le choix de votre être, afin de retrouver la grandeur au sein même de cet espace qui vous paraissait si petit et si fragile et où vous y rencontrez l'univers et nous-mêmes.

Pour venir réhabiliter la vulnérabilité au sein même de qui vous êtes, votre engagement auprès de cet espace de vous est très important car cet engagement viendra aider votre personnalité à accepter le chemin du pardon car votre personnalité, à chaque retrouvaille avec la puissance de votre vulnérabilité, se sentira vexée et frustrée et le chemin du pardon sera nécessaire auprès de vous-même. L'engagement permettra de ne pas activer le jugement au sein même de votre personnalité.

A chaque espace où vous vous réconciliez avec votre lumière, votre champ de conscience s'ouvrira et dans chaque espace de votre champ de conscience une petite voix en vous pourra dire que vous avez été bête de penser ceci et que vous n'aviez pas vu ceci, et vous en vouloir et vous en vouloir et vous en vouloir…... Et nous vous rappelons que le pardon sera votre ami, votre allié dans cette voie de retrouvailles de la lumière. Nous comprenez-vous ?

Tout le groupe répond en chœur : OUI !

La Vibration : Est-ce qu'un être ici présent désire encore s'exprimer ?

Nous vous invitons pour cet après-midi à pouvoir venir ouvrir cet espace de votre hara, cet espace au sein même de la lumière que vous êtes, au sein même de votre vulnérabilité, pour matérialiser la lumière que vous aimeriez être.

∞ Rayonner l'Amour-Lumière ∞

La Vibration: Ainsi, ceci peut, dans un premier voile au sein même de ce chakra, renvoyer l'enfant aux blessures, aux attaches, à l'éducation, car la perte de la lumière a créé de multiples filaments, de multiples voiles, de multiples attaches au sein même de qui vous êtes, ne vous vous permettant pas de demeurer dans votre vulnérabilité. Aucun éducateur en votre temps terrestre n'a pu vous apprendre à canaliser votre vulnérabilité. Cela est un apprentissage pour tous au sein même de cette humanité. Nous comprenez-vous ?

Tout le groupe : OUI !

La Vibration: Ainsi, devenez AMOUR avec vous-même, devenez tolérant avec vous-même, tout en poursuivant l'engagement auprès de vous, lorsque vous choisirez de revenir à votre lumière.

Nous vous informons et vous l'avez déjà compris, que le chemin des retrouvailles avec la lumière n'est certes pas un chemin simple mais nous vous accompagnons, nous accompagnons tous les êtres ayant fait ce choix de cet engagement de se retrouver, ce choix de cet engagement sincère auprès de leur ÂME, auprès de leur ÊTRE de devenir le pèlerin en vous.

Lorsque vous vous voyez tel un pèlerin, lorsque vous voyez les multiples comportements, lorsque vous avez vos multiples prises de conscience, lorsque vous voyez votre histoire, lorsque par cet engagement votre champ de conscience s'éveille, observez avec compassion, avec amour, avec sécurité que vous avez pu faire et que vous avez osé en faire l'expérience mais ne jugez pas les expériences que vous avez fait. Honorez ces expériences, honorez l'enseignement que ces expériences vous ont permis de faire, afin de pouvoir faire le choix de ne plus vouloir les faire ou de vouloir en faire d'autres, afin de pouvoir vraiment être libre de rencontrer la sensation de ce que fait cette expérience auprès de vous, de pouvoir continuer à grandir et à faire grandir l'ÊTRE que vous êtes en poursuivant d'autres expériences.

Ceci rentre dans un choix de maturation, un choix de responsabilisation, un choix d'évolution, de désir de sortir de certains schémas de pensées, où vous y trouvez une sécurité, certes un connu, mais où vous demeurez tels des enfants ne grandissant plus, jouant toujours au même jeu et se perfectionnant dans le même jeu.

Ainsi, chaque fois que le jeu revient et que vous vous perfectionnez dans le même jeu, vous êtes de plus en plus en difficultés, n'est-ce pas ? Car ceci permet qu'un jour, vous cessiez de jouer à ce jeu et de passer à autre chose.

Par le choix d'engagement de la lumière, vous pouvez aussi prendre conscience et cessez de vouloir jouer à un schéma de comportement. Vous devez réhabiliter cette lumière, cette puissance en vous, cette force en vous pour faire un pas de plus.

Nous vous accompagnons dans les pas en plus. Si un doute est là, ayez la force de passer à un autre schéma.

Demandez notre aide. Nous ne ferons pas pour vous mais nous vous aiderons. Lorsque chaque être sur cette terre désire changer réellement, nous aidons son processus d'évolution et de changement. Lorsque des êtres ne désirent pas changer, nous respectons et nous les accompagnons, nous restons à leur côté, ainsi nous vous accompagnons, vous le dites souvent, nous vous accompagnons, nous ne faisons pas à votre place.

∞ La reconnaissance du maître en soi ∞

Gardez, chers êtres, cet espace où, vous aussi, vous êtes des maîtres, vous êtes des guides. Vous avez cet espace en vous où nous voyons les déesses et les dieux en vous tous.

Nous honorons le sacré au sein même de chacune de votre structure, et dans cet espace du sacré au sein de votre structure, vous êtes nos frères, vous êtes nos sœurs. Cessez de penser que nous sommes supérieurs à vous, nous ne sommes point supérieurs à vous, nous avons un autre plan de conscience, mais nous ne sommes pas supérieurs. Nous vibrons d'une autre manière, reconnaissez l'étincelle divine en vous, cette étincelle divine, nous vous le rappelons, vous la reconnaîtrez par le sein même de la lumière, par le sein même de votre vulnérabilité, au sein même de qui vous êtes.

> *Vous ne pouvez pas retrouver votre lumière en gardant vos résistances, en gardant vos pouvoirs, en gardant vos rigidités, en gardant vos attaches, en gardant tous vos voiles et tout ce qui peut vous encombrer, car tout ce qui vous encombre est venu ternir votre lumière, est venu cacher votre lumière.*

Pour retrouver votre lumière, il est naturel d'enlever ses couches que vous avez mises afin de rentrer, de protéger votre lumière. Rentrez dans la confiance que la lumière ne peut éternellement pas s'éteindre, que votre lumière ne peut pas être blessée, votre lumière est le DIEU en vous et bien avant votre incarnation, cette vibration divine existait et bien après votre incarnation, cette vibration divine continuera à exister.

Nous vous remercions et renouvelons l'Amour pour vous-même pour que vous puissiez entendre l'Amour et que vous puissiez sentir l'Amour que nous vous donnons et que vous nous donnez aussi, nous le reconnaissons. Nous vous encourageons grandement à poursuivre dans la réconciliation avec vous-même, dans le respect de qui vous êtes, dans ce choix de vous dire oui à vous-même, oui à ce qui est juste pour vous (répétition 5 fois), même dans ce oui qui est juste pour vous, vous pouvez par moment toucher votre vulnérabilité. La LUMIÈRE est en vous!

Nous vous remercions et nous vous disons à très bientôt.

{**Canalisation avec la Vibration de Marie-Madeleine,**

le 16 août 2013}

Enseignement du troisième chakra

Plexus solaire (Manipura)

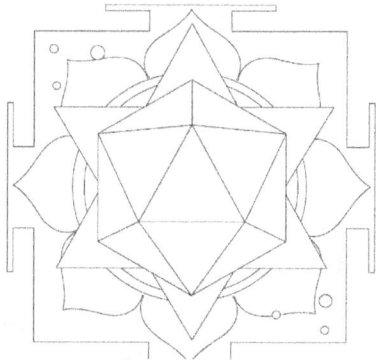

« Cet espace de votre plexus solaire est très important auprès de votre humanité, permettant aux êtres de rayonner et de pouvoir communiquer.

C'est par cette porte, par le portail de ce vortex, que vous montrez qui vous êtes, votre essence, votre personne. »

La Vibration: « Nous sommes heureux à nouveau de nous remanifester auprès de vous et d'être tout proches de vous. Observez, combien nous nous sentons encore plus proches de votre essence, plus proches de vous-même, comme si nous allions bientôt avoir cette sensation que nous sommes en vous, car vous nous laissez approcher vos vibrations de plus en plus profondes et nous vous en remercions.

∞ Le chakra des relations ∞

En cette journée, nous allons aborder cet espace de votre plexus solaire, cet espace très important auprès de votre humanité, cet espace permettant aux êtres de rayonner et de pouvoir communiquer. Cet espace est très important en cette période. Cet espace est très bouleversé en cette période auprès de chacun des êtres dans cette incarnation.

Cet espace se loge au centre même du milieu de votre colonne vertébrale. Il est un équilibre au sein même de qui vous êtes. Cet espace est aussi une porte de représentation de qui vous êtes auprès des autres. C'est par cette porte, par le portail de ce vortex, que vous montrez qui vous êtes, votre essence, votre personne, auprès de vos consœurs, auprès de vos confrères. Cet espace est donc très important dans le rayonnement de vous-même.

Ainsi, nous voudrions vous poser une question. Pourquoi chers êtres, vous évertuez-vous très souvent à montrer un chapeau aux autres alors que vous voudriez être avec des lunettes ? C'est exactement comment vous vous définissez toujours, toujours, toujours…

Vous aimeriez qu'on reconnaisse chez vous votre qualité de douceur, notamment chez certains hommes, mais vous ne montrez pas cette douceur auprès de votre humanité : vous vous montrez très brutes, très fermés, avec des grimaces, et derrière, les frustrations arrivent, si bien qu'on ne voit pas la douceur.

Par l'affirmation du chakra de base et l'essence même de qui vous êtes, vous pourrez, grâce au potentiel de cet espace régissant autour de vous, montrer l'essence de qui vous êtes au sein même de vos consœurs, de vos confrères.

Cela implique l'enseignement que nous vous avons initié hier, de cette capacité à montrer votre vulnérabilité. Ainsi, chers êtres, nous lisons beaucoup de peur au sein même de ce troisième chakra auprès des êtres humains : cette peur du jugement, cette peur de ne pas être aimé, cette peur de ne pas être compris, cette peur d'être seul, peur et peur et peur…

Ce qui vous empêche de pouvoir montrer réellement qui vous êtes. Lorsque vous pourrez davantage assumer par la stabilité de votre premier chakra, par la sécurité de votre vulnérabilité et de votre lumière, vous pourrez montrer ceci au sein même de qui vous êtes et autour de vous, afin de ne plus avoir cette peur qu'un autre puisse venir blesser l'essence de qui vous êtes.

∞ L'essence même de qui vous êtes ne peut pas être blessée. ∞

« Rayonner qui vous êtes » passe par cette autorisation de pouvoir rencontrer ce que nous vous avons déjà initié hier : le pèlerin, le pèlerin marchant seul sur son chemin.

Ainsi, vous n'aurez plus ces appréhensions de rencontrer la peur du rejet, la peur de ne plus être aimé, la peur de ne pas correspondre à ce que l'autre désirerait de vous, lorsque vous pourrez soutenir et accompagner le pèlerin en vous.

Car vous vous appuierez sur la puissance de qui vous êtes, vous vous appuierez sur nous-même, alors le regard de l'autre pourra être accueilli tel qu'il est, sans avoir une forme d'attente ou d'appui sur la reconnaissance de qui vous êtes par un autre.

La Vibration : Nous comprenez-vous ?

Groupe : Oui.

Lorsque vous pourrez aussi assumer ce pèlerin intérieur, vous pourrez aussi faire le choix de représenter la douceur lorsque vous voulez représenter la douceur, vous pourrez faire le choix de la joie lorsque vous voulez représenter la joie, et vous pourrez faire le choix de la tristesse lorsque vous voudrez représenter la tristesse, et non pas de toujours entremêler…

Car pour vous, lorsque quelqu'un est triste, il peut se mettre en colère, lorsque quelqu'un est en colère, il va faussement rigoler, lorsque quelqu'un rigole, c'est juste pour cacher une peur d'humiliation, etc.

Vous êtes très doués dans vos stratégies de personnalité pour ne pas utiliser les essences, les émotions, les sentiments à bon escient, provoquant confusion, confusion, confusion… Ce qui vient engorger votre chakra du plexus solaire par le fait même que vous n'utilisez plus à bon escient les recettes ! Nous pourrions aussi prendre l'exemple : mangez-vous votre soupe avec un couteau ? C'est ce que vous faites avec toutes les perceptions que vous avez de vous-même ! Revenez à la simplicité d'être qui vous êtes !

∞ Le chemin du pèlerin ∞

Nous vous invitons à prendre le chemin de ce pèlerin qui est dans la simplicité de ses actions, dans la simplicité de ses gestes.

Ce pèlerin pourra ouvrir davantage dans l'espace du cœur une joie naturelle.

Observez combien vous êtes présents lorsque tout d'un coup les choses deviennent simples pour vous : un grand « Ah » se fait à l'intérieur de vous et vous êtes vraiment dans une forme de satisfaction que les choses soient simples, n'est-ce pas ? Nous vous invitons dans cet espace du troisième chakra de votre plexus, à revenir à la simplicité des actions, à revenir à la simplicité de ce qui a été créé, à revenir à l'origine et à la définition de ce qui a été créé, pour ne pas utiliser un pinceau pour manger. Vous y retrouverez une plus vaste liberté de qui vous êtes.

Lorsque vous voulez saluer quelqu'un, lorsque vous voulez dire « bonjour » à quelqu'un, dites-lui « bonjour », lorsque vous voulez lui dire « au revoir », dites-lui « au revoir », lorsque vous voulez dire « je t'aime » à quelqu'un, dites-lui « je t'aime » simplement. Ainsi, ne dites pas « merci » pour dire « je t'aime », ne dites pas « au revoir » pour dire « bonne nuit », revenez toujours à l'origine de ce qui est. Cela viendra contribuer à dénouer tous les nœuds, toutes les confusions qu'il y a au siège de votre plexus solaire.

Nous disons bien « plexus solaire » pour que vous perceviez que toutes les confusions viennent mettre un grand brouillard auprès de ce soleil qui est, au fil des jours, de moins en moins rayonnant, n'est-ce pas ? Il faut donc faire un nettoyage par la responsabilisation de qui vous êtes et par la conscientisation de vos actes, de vos paroles et de l'alignement.

Cela demande un réapprentissage d'être à l'écoute de qui vous êtes, d'être à l'écoute de vos besoins, d'être à l'écoute de vos formes de pensées, d'être à l'écoute de vos sentiments, d'être à l'écoute de vos sensations, afin de pouvoir en trouver le langage et les déposer aux autres êtres autour de vous. Par ce réaccompagnement de soi-même, qui au début peut-être fort complexe ou peut être égarant pour certains êtres, vous allez davantage devoir vous occuper de vous-même et beaucoup moins de ce qui se passe chez le voisin.

Cela viendra ensuite aider le chakra du cœur que nous verrons demain. Ainsi, nous vous invitons, pour le rayonnement de ce chakra, de ce vortex, à poursuivre l'ajustement, l'alignement et la verticalité au sein même de qui vous êtes, en assumant l'entièreté de qui vous êtes.

Lorsque nous parlons d'assumer qui vous êtes, lorsqu'un être peut être en violence, assumer sa violence ne veut pas dire « je suis violent et je l'assume, et c'est comme ceci, et si tu n'es pas content, tant pis je reste violent » : ceci n'est pas assumer sa violence, ceci est, au contraire, se déresponsabiliser. Assumer sa violence est avoir cette ouverture de cœur d'assumer le geste qui vient d'être fait et de pouvoir s'en excuser, de pouvoir regarder ce qui a amené à un tel comportement afin que ce comportement d'une compulsion issue d'une blessure ne puisse se reproduire. Et si ce comportement se reproduit à nouveau, de pouvoir à nouveau faire ce chemin du pèlerin d'introspection sur ce qui est à l'intérieur de vous.

Ceci peut être accompagné, ceci peut se faire seul suivant les problématiques qui se posent à vous. Nous invitons cependant chaque être à pouvoir se faire accompagner, car cela crée aussi des liens de partage et de profondeur. Ainsi, entendez que « se responsabiliser » n'est pas de rester figé sur ce que vous êtes. La responsabilisation passe aussi par l'acceptation de ce qui a été, de ce qui fut, de ce qui est et de ce qui sera, et passe aussi par ce qui peut être réajusté. Tout est là, chers êtres : ce juste équilibre entre la persistance et le lâcher-prise, qui est le grand jeu de votre espace de votre plexus solaire. Dites-nous, comment vous sentez-vous ? Êtes-vous en accord avec ce que nous avons pu partager ?

Le groupe : OUI. Nous vous remercions ».

{Canalisation avec la Vibration de Marie-Madeleine,

le 17 Aout 2013}

Enseignement du quatrième Chakra

Cœur (Anahata-Chakra)

" Le vortex de ce chakra cœur est une puissance de manifestation de la création. Reconnaissez ceci, nous le rappelons : la puissance de manifester la création du cœur est bien au-delà de la puissance de création de votre mental. C'est pourquoi des êtres sont rappelés à revenir à eux-mêmes, car le cœur rappelle, rappelle, rappelle, rappelle à l'ouverture, rappelle aux retrouvailles".

La Vibration: « Auprès de vous, nous sommes très heureux et nous désirons amener en cette journée l'amour, l'amour, l'amour, l'amour. Que ce temps pendant lequel nous sommes en votre présence puisse être un temps de nectar d'Amour, où vous pouvez vous imprégner de l'Amour afin que cet Amour puisse vous accompagner durant cette journée.

Être dans cette réceptivité demande la présence de qui vous êtes à travers cet espace de votre premier chakra, demande d'être en lien avec votre propre Lumière et votre propre sensibilité - outil fort important auprès du pèlerin que vous êtes - afin d'avoir sa guidance sur son chemin de vie.

Nous vous invitons aujourd'hui à venir nourrir tout l'espace de vos cœurs. L'espace de vos cœurs n'est pas réduit à votre cœur physique. L'espace de votre cœur est un champ immense, immense, immense, immense, un immense champ énergétique beaucoup plus vaste que votre champ du mental, chers êtres. Le potentiel de votre champ énergétique de l'espace de votre cœur est énormément plus vaste et plus en résonance que le champ mental.

∞ La vérité du Coeur ∞

Cela veut dire que lorsque des êtres se réunissent en leur cœur, ceci a une répercussion beaucoup plus forte, beaucoup plus importante, beaucoup plus intensifiée au sein même de votre humanité que des êtres en même nombre qui vont se réunir au niveau de leur mental.

Alors, qu'en est-il de cet espace d'ouverture de vos cœurs ? Est-ce un espace où vous aimez être ouverts ? Est-ce un espace plus difficile à regarder ? Est-ce un espace qui est très fermé, fermé, fermé, fermé, fermé, fermé ne désirant plus avoir mal au cœur ?

Dans la vérité de qui vous êtes, le cœur n'est jamais fermé dans sa totalité. Il y a toujours dans votre cœur, un espace qui demeure ouvert.

Cela peut se comprendre au niveau de votre mental par le fait même que si vous aviez le cœur fermé dans sa totalité, le cœur serait compressé, et ceci viendrait compresser le vortex, et ceci viendrait étouffer l'être que vous êtes, car l'être que vous êtes vient s'exprimer par ce champ énergétique de votre cœur.

Observez qu'est-ce qui dans votre vie vous permet d'aimer votre cœur ? Qu'est-ce qui dans votre vie vous permet de réouvrir le cœur ? Le vortex de ce chakra cœur a une puissance de manifestation de la création. Reconnaissez ceci, entendez ceci :

Votre chakra cœur a la puissance de manifester la création bien au-delà de la puissance de création de votre mental.

C'est pourquoi des êtres sont rappelés à revenir à eux-mêmes, car le cœur rappelle, rappelle, rappelle, rappelle à l'ouverture, rappelle aux retrouvailles, car votre cœur est en vibration avec les vibrations d'Amour Universel.

Lorsque vous ressentez des vibrations d'Amour Universel, le cœur se rappelle ce qu'il est réellement, le cœur a envie de retrouver l'unité avec ce qu'il est réellement.

Lorsque l'Amour inconditionnel est auprès de vous, le cœur est en réaction, car les réactions qui peuvent être de rejet, sont simplement des miasmes, des protections du cœur que le cœur désire enlever. Il est toujours intelligent de pouvoir traverser ces voiles, ces sas de protection et être dans l'écoute que le cœur désire se réharmoniser, se réunir, revenir « Un », avec l'unité d'Amour Inconditionnel autour de lui, car il est la même énergie : énergie Cœur/énergie Amour, énergie Cœur/énergie Amour Inconditionnel, énergie Cœur, énergie Cœur, énergie Cœur, énergie Cœur.

Ainsi, soyez accompagnés par ce pèlerin venant aux retrouvailles, venant aux résolutions, venant aux dissolutions de ces charges énergétiques.

Observez dans votre quotidien, comment le cœur se met en résonance, comment le cœur peut sembler sensible à telle ou telle action, comment le cœur vient réagir au nouveau contact, au niveau du toucher du cœur, du toucher physique, du toucher émotionnel, du toucher éthérique, du toucher astral, du toucher mental, car le cœur a son intelligence du toucher mental de ce cœur.

Observez lorsque vos Guides viennent vous toucher le cœur, observez le cœur : certains cœurs sont comme une fleur et certains autres cœurs restent à trembler telle une feuille.

Vous revenez dans l'unité de la confiance de la foi, la foi totale en vous-même, la foi totale en votre propre amour, la foi totale en la réconciliation de vous avec l'unité extérieure, la foi totale de ce miroir que l'extérieur est pour vous, la foi totale que l'extérieur est vous-même.

Ainsi, la foi est la confiance que l'amour inconditionnel est dans votre vie, disons en face de vous, autour de vous. La foi est le miroir d'une vibration Christique intérieure à vous.

∞ Le jeu de miroir ∞

Observez par la voie de l'ouverture du cœur, le jeu du miroir. Ce que vous voyez est une partie de vous-même. Venez vous rouvrir à cette partie de vous-même qui vient vous enseigner, guider le pèlerin que vous êtes. Lorsque vous pouvez percevoir et atteindre ces visions, ce champ de conscience, l'approche du cœur change, l'approche du cœur n'est plus dans une forme de fermeture.

L'approche du cœur est dans une forme de confiance à l'enseignement Divin.

L'approche du cœur est dans une forme de bénédiction de ce que la vie propose, de ce que le Divin propose, de ce que la grande Terre propose.

L'approche du coeur est une bienveillance pour vous qui êtes ces enfants : enfants de la Terre, enfants du Ciel.

Nous parlons souvent de donner l'exemple à votre niveau humain de la vibration paternelle ou la vibration maternelle au sein même de qui vous êtes : observez si vous aimeriez faire du tort ou nuire à vos enfants, aux êtres que vous aimez. Observez que les vibrations d'amour des êtres que nous sommes sont dans un inconditionnel pour vous. Aurions-nous envie de vous faire du tort ? Observez que si à votre niveau humain, vous pouvez être bienveillant auprès d'êtres que vous aimez, au niveau Divin, vous pouvez être éternellement bienveillant.

Que ressentez-vous, que pensez-vous, comment réagissent vos cœurs, dans vos corps, dans votre pèlerin, de ce que nous vous partageons ?

Participant : C'est aussi ma réalité…

Participant : La confiance…

∞ La confiance du cœur ∞

La Vibration : Lorsque la confiance du cœur, dans la reliance à la divinité de qui vous êtes en vous-même est quotidiennement au sein même de votre vie, cela peut rouvrir la joie du rayonnement, ouvrir la joie d'avancer dans votre unité de temps, dans votre unité d'espace, dans vos expériences que vous faites quotidiennement, heure par heure, minute par minute, seconde par seconde dans vos champs d'expérience.

Cela permet de garder, retrouver cette joie naturelle de la sécurité, de la bienveillance des Cieux, de l'Univers sur qui vous êtes. Êtes-vous, tous d'accord avec cette vision ?

Tous: Oui.

La Vibration : Enracinez cette confiance du cœur au sein même de votre quotidien ! Observez que cela peut être difficile dans ce que la vie vous propose.

Vous pouvez vous faire accompagner ou tendre la main, car ceci est important dans le champ énergétique du cœur, du partage et de la communauté des êtres de Lumière. Vous pouvez vous aider pour recevoir l'enseignement que la vie veut vous transmettre, que la vie a confiance en vos capacités. Il est sûr que certains enseignements demandent à être accompagnés, surtout pour certains êtres désirant vouloir faire toujours tout seul.

L'ouverture du cœur passe par le partage.

Dans le partage que vous aimeriez donner aux autres, et dans le partage de ce que la vie vous demande de partager aussi aux autres, et dans le partage de ce que l'autre voudrait partager avec vous. Ainsi, le partage va, non pas toujours dans la direction que vous avez envie de donner, de donner, de donner, de donner, de donner ce qui vous semble, ce que vous avez envie de donner, mais à travers qui vous êtes.

Nous vous invitons à donner davantage que ce que vous croyez pouvoir donner, car vos dons sont à travers le champ de conscience de qui vous êtes. Lorsque vous êtes dans un champ de conscience limité, vous donnez dans une limite ; or, vous pouvez donner plus. Et nous repartageons que le don du cœur n'est pas le sacrifice de l'être. Ainsi, nous vous demandons de nous entendre : le don du cœur n'est point le sacrifice de l'être ; ceci n'est pas un don de cœur.

∞ Le pardon ∞

Nous voulons aussi vous partager à nouveau la notion du pardon, car le pardon vient en résonance au sein même de votre cœur et lorsque nous parlons du « don », nous parlons aussi de toutes ces guérisons possibles « par le don » : « pardon », « par le don ».

Nous invitons aussi les guérisons du cœur par le partage, par le « parler », par ce champ de communication de votre plexus solaire qui est le champ de la relation venant à l'aide de votre chakra cœur pour rentrer dans la relation.

Rentrer dans la relation d'amour, la relation d'amour à vous-même, la relation d'amour à Dieu avec vous-même, la relation du Divin avec vous-même à travers vos visions de ce que vous voyez à l'extérieur, car vous êtes, toutes et tous chers êtres, source de projection.

Ainsi, la forme que nous pouvons habiter en ce moment, a une forme de perception de qui vous êtes, mais cet être à côté de la forme à lui aussi une autre perception de qui vous êtes. Ainsi, si la forme et cet être ici présent pouvaient décrire cet autre être en face de nous, cet être définirait cette personne différemment, et une troisième personne décrirait cette personne encore différemment.

Observez que si l'extérieur est source de perception de qui vous êtes, il faut accepter le jeu des miroirs, le jeu des projections. Ainsi, il est très important de ne pas vous laisser définir par un autre que vous, car l'autre vous définit à travers ses filtres de conscience, tout comme vous décrivez les autres avec votre filtre de conscience.

Ceci peut aider une personne à se définir, à se rencontrer mais ceci ne peut pas aider une personne à être définitivement affirmée dans qui elle est. Chaque être voit un bout de puzzle, et la réunification du puzzle se fait par le choix même de se rencontrer et de se définir, de s'unir à nous-même, au champ énergétique intérieur, qui nous rappelons est Divin.

Ainsi, le Divin est en vous, le Divin est autour de vous, tout est Divin. Et votre champ énergétique est beaucoup plus vaste que vos corps physiques. Lorsque vous percevez quelque chose à dix centimètres de vous, nous vous informons que vous êtes dans votre corps éthérique ou dans votre corps émotionnel, suivant le champ de conscience des êtres.

Vous êtes encore dans votre corps, lorsque vous voyez quelque chose à dix centimètres de vous. Ainsi ce que vous voyez est en vous, n'est-ce pas ?

C'est pour cela que nous relions le chakra cœur au chakra de votre clairvoyance. Le chakra cœur est relié au chakra de votre puissance et de votre chakra gorge, car ces trois chakras fonctionnant ensemble, permettent une communication juste, alignée et adaptée.

Mais le chakra cœur fonctionne aussi avec tous les autres chakras. Ainsi, tous les autres chakras sont reliés entre eux par de multiples fonctions diverses et variées.

Chaque chakra a des connexions très importantes, fort subtiles et forts magnifiques à découvrir. Ainsi est-ce clair pour vous, dites-nous ?

Le groupe : Oui.

La Vibration : Avez-vous des questions ?

Participant : **Oui, pourquoi est-ce que parfois j'ai de la retenue pour manifester l'Amour ? Qu'est-ce qui retient tout ça ?**

La Vibration : Nous lisons que ceci peut être une peur pour d'autres êtres, une peur de se perdre, une peur de ne plus être dans l'individualité de qui vous êtes. Car lorsque vous voyez un sosie en face de vous, et que vous rentrez dans le sosie en face de vous, ceci peut amener une peur d'être perdu, d'être dans une fusion, dans une confusion ; vous ne savez plus définir l'être que vous êtes au sein même de votre personnalité, nous comprenez-vous ?

- Oui, je comprends, mais… Je n'ai pas l'impression que cela me parle beaucoup.

La Vibration : Observez combien vous êtes un être aimant vous définir, vous manifester, être reconnu. Ainsi, lorsqu'une énergie vient fusionner avec votre énergie, il y a une perte de l'ego, une perte de la personnalité, amenant à la personnalité cette sensation de ne plus savoir qui elle est.

Observez votre champ énergétique, cher être, qui a besoin de reconnaissance.

Observez que pour votre être, le champ de reconnaissance de la personnalité, le champ sécurisé par des structures mentales : « je suis ça », « je suis ça », « je suis ça », « je suis ça », « je suis ça », « je suis ça », « je suis ça » vient définir et donner un cadre à l'être que vous êtes, vous permettant d'avancer.

Ainsi, si tout d'un coup, dans ce champ de données, l'amour inconditionnel est de recevoir l'amour inconditionnel, tout ce champ, tout ce cadre autour de vous, vient se dissoudre, comme si vous n'aviez plus de corps. Ceci peut amener une peur au sein même des personnalités n'ayant pas l'habitude de se dissoudre ? Ceci peut donner le même effet que lorsque vous changez de plan vibratoire, ou lorsque certains êtres font l'expérience de sortir du corps. Nous comprenez-vous ?

- Oui.

La Vibration : Cher être, est-ce que ceci est clair pour vous ?

- Oui

La Vibration : Nous vous remercions. Y a-t-il d'autres questions ?

Nous vous remercions de cette question, car ceci est une barrière pour de nombreux êtres humains. L'être humain dans son incarnation a fait ce choix de venir s'individualiser avec le pouvoir de l'énergie masculine.

Par l'ouverture et par l'Amour Inconditionnel, ceci vient perturber le champ de l'individualisation du masculin intérieur. Vous pouvez rencontrer des peurs de la fusion en amenant confusion et en amenant retenue à ne pas donner ou recevoir, par la peur de se perdre.

Ainsi, ces expériences demandent une maturité de conscience.

Cette question a été abordée car nous reconnaissons le champ de maturité, de conscience pour arriver à de telles expériences humaines, car des êtres débutant l'évolution ne sont pas dans ces expériences humaines. Ainsi, nous vous remercions. Y a-t-il d'autres questions ?

*Autre participant : **Oui. Est-ce que l'amour peut se déguiser ? Prendre d'autres formes ou effectivement ne pas en être, comment le trouver ?**

La Vibration : Est-ce que l'amour pur peut être impur ? Dites-nous. Est-ce que l'amour peut être haine ? Est-ce que l'amour peut être manipulation ? Non point. L'amour est amour. L'amour peut prendre différentes couleurs, non pas par l'impureté de l'amour, mais le fait même que l'amour est une énergie, cher être.

Vous êtes pèlerin, mais vous êtes aussi alchimiste de cette énergie. Ainsi, lorsque vous avez cette énergie en vous, autour de vous, lorsque vous avez cette énergie dans vos mains, cher être, vous êtes seul à avoir le libre arbitre et le pouvoir de choisir ce que vous voulez faire de cette énergie.

Ainsi est-elle un gâteau. Vous avez de la farine dans vos mains, vous êtes seul à vouloir laisser ce que vous allez faire de cette farine. Vous pouvez faire le choix que dans cette farine, vous pouvez y mettre du poison, et vous pouvez faire le choix que dans cette farine, vous pouvez y mettre encore plus de vibrations pour que cette farine soit meilleure, nous comprenez-vous ? Est-ce clair ?

- Non…

La Vibration : Prenez l'amour comme « énergie ». Est-ce que ceci est clair pour vous ?

- Oui…

La Vibration : Observez que vous êtes alchimiste. Est-ce que ceci est clair pour vous ?

- Oui

La Vibration : Ainsi, lorsque vous êtes un alchimiste et que vous avez tel une marmite devant vous avec des ingrédients dans cette marmite, des ingrédients purs, n'est-ce pas, nous vous suivez-vous encore ?

- Oui, pur, mais c'est le poison…

La Vibration : Oui, vous avez ce choix, par le pouvoir de l'alchimiste en vous, de pouvoir transformer cette énergie pure, n'est-ce pas ? Car la définition d'un alchimiste est d'avoir le don de transformer l'énergie. Ainsi, vous le manifestez aussi très bien dans vos réseaux d'électricité : combien les électriciens peuvent transformer par des résistances, par des transistors tout ce qui est de canaliser l'énergie, n'est-ce pas ? Ainsi, dans vos réseaux humains, vous avez manifesté au sein même de votre informatique de transformer les énergies, n'est-ce pas ? Nous comprenez-vous ?

- Oui.

La Vibration : Ainsi, ceci est de la même sorte pour l'énergie. Vous avez de l'énergie en abondance et vous pouvez faire le choix d'en faire un gâteau. Vous pouvez faire le choix d'en faire quelque chose qui ne soit point bon, n'est-ce pas ? Lorsque par exemple, un gâteau est raté, est-ce la faute de la farine ? Certains êtres diront que « oui », mais est-ce la réalité? Pouvez-vous répondre à notre question : si le gâteau est raté, est-ce la faute à la farine ?

- Non.

La Vibration : Ainsi, si le gâteau est raté, la manifestation de la transformation de l'énergie de la farine n'a pas pu se manifester. Ainsi, c'est dans cet espace-là que l'énergie « Amour » vient être aussi vulnérable, et peut être modelée, peut être manipulée car l'énergie « Amour » est tel un enfant, est telle l'énergie de votre féminin intérieur, dans une forme de dévotion et dans une forme d'acceptation de l'expérience que vous allez lui donner.

Prenez aussi l'exemple du château de sable : le sable est tel l'amour. Vous pouvez manifester de faire un château de sable, vous pouvez manifester d'essayer de faire un trou, vous pouvez manifester de faire de multiples formes avec ce sable, n'est-ce pas ?

Et vous pouvez aussi manifester de venir salir ce sable, de venir polluer ce sable, n'est-ce pas ?

- Oui

La Vibration : Est-ce plus clair pour vous ? Ainsi cher être, nous lisons dans vos énergies, que par exemple vous venez par moment polluer votre champ énergétique. Ainsi, ceci est bien un choix de l'alchimiste en vous, de venir amener toxines et toxines et toxines, toxines au sein même de vos vibrations énergétiques, n'est-ce pas ? Ainsi, ceci vient perturber, manifester, transformer l'énergie d'amour que vous avez en vous car l'énergie d'amour reçoit une dose de toxines, n'est-ce point ?

- Oui.

La Vibration : Ainsi, l'amour, l'énergie d'amour que vous remanifestez, revient inconditionnellement dans ce mélange de ces toxines, n'est-ce pas ?

- Oui.

∞ Le pouvoir créateur ∞

La Vibration : Pouvez-vous reconnaître le pouvoir créateur de l'alchimiste que vous êtes ? Car vous êtes énergie et l'amour est énergie, et vous avez ce pouvoir de transformer l'énergie à l'intérieur de vous : la création. Lorsque vous venez nous parler de ceci, vous touchez au thème de la création et du pouvoir créateur que vous avez tous. Ainsi, vous avez été créés, certes, par de multiples énergies.

Lorsque nous prenons au niveau du champ énergétique de la création, nous dirions que vous avez été « pures énergies », et que dans ces « pures énergies », certaines énergies ont commencé à se manifester et à venir faire comme un agrégat venant créer des cellules.

Prenons l'exemple de la poussière: lorsque des éléments de poussière se réunissent, vous commencez à voir la poussière, car au sein même de cet espace, il y a beaucoup de poussière, mais vous ne voyez point forcément avec vos yeux la poussière, mais lorsque plusieurs poussières se réunissent, là, vous commencer par vos yeux à pouvoir voir des espaces de poussière, n'est-ce point ?

Ainsi, ceci est la même chose pour vos énergies : vous avez été créés d'énergies et lorsque de multiples énergies se sont réunies, vous avez commencé à pouvoir donner forme à des corps. Ainsi, l'énergie est inconditionnellement et éternellement partout. Ainsi, vous êtes énergie, l'extérieur de vous est énergie, avec des taux vibratoires forts différents certes, mais vous avez ce pouvoir créateur de transmuter l'énergie, de transformer l'énergie, par votre champ de conscience, par votre champ de pensée mais aussi par le champ du cœur. Nous comprenez-vous ? Et ce créateur en vous est au sein même du pèlerin que vous êtes. Ceci est le jeu complexe de la vie de manifester le créateur en vous par le fait même que vous vous individualisez et que vous faites l'expérience de vous sentir exister, par le fait même que cette alchimie est au sein même d'une fusion cosmique. Est-ce clair pour votre champ de conscience, à toutes et à tous ?

Le groupe : Oui.

Nous vous inviterons à laisser le créateur en vous se manifester, non pas avec la compréhension de votre mental, mais par des cellules qui viennent d'être activées en vous, dans la reconnaissance de qui vous êtes. Nous vous remercions ».

{Canalisation avec la Vibration de Marie-Madeleine,

le 18 Août 2013}

Journée de Guérison

de notre Chakra Cœur (1)

" Puissiez-vous dans cet espace du cœur divin, vous sentir tel un amour, terrestre et divin, tel un amour inconditionnel, d'être le père amour, la mère amour, d'être dans l'enveloppement que ce qui est, tel que cela est et d'être dans l'amour d'embrasser ce qui est".

La Vibration: « Nous sommes heureux de nous manifester, nous vous remercions.Nous vous invitons à aller rencontrer immédiatement un espace blessé dans cette incarnation, dans ce corps, afin que vous puissiez voir combien il y a eu une construction d'une certaine forme d'identité et de croyance de qui vous êtes, sur la construction et la cristallisation de cette blessure. Pour certains, cette blessure a été si cristallisée, qu'il y a eu comme une anesthésie, un déni, une sensation d'absence d'être dans cette blessure. Venez rouvrir votre corps sur le chemin d'une émotion, car le chemin de l'émotion est une conséquence d'une blessure et d'une perte de la reliance à la Lumière et à l'Amour. Observez l'espace - non pas pour venir transformer cette douleur - où il peut y avoir pour certains, douleur physique, pour d'autres, douleur dans votre champ énergétique. Cette douleur est une conséquence de votre propre refus de vivre certains événements, d'accueillir certaines circonstances divines, ou du réflexe de ne pas accepter, dans la totalité de votre essence, ce que nous vous invitons à rencontrer de vous-mêmes et les retrouvailles de qui vous êtes.

∞ Le chemin des souffrances de la personnalité ∞

Le chemin de votre incarnation implique en ce jour de multiples souffrances qui sont davantage des souffrances de votre personnalité dans la structure de votre ego et qui créent une forme de séparation, d'illusion, de croyances, vous désalignant de votre structure profonde, source d'Amour. Il y a pour certains, mésestime de la source d'amour que vous portez. Il y a pour d'autres, rejet de la source d'amour que vous portez. Il y a pour d'autres, reconnaissance et reconsidération de cette source d'Amour, ce qui est un chemin vers la guérison auprès de vous-mêmes.

Cette source d'amour est en vous éternellement présente, mais lorsque vous rouvrez le champ de votre conscience à l'extérieur, lorsque vous vous retrouvez dans certaines situations, il y a tel un voile, un oubli de votre source d'amour intérieure.

∞ Nourir l'amour ∞

Nous vous invitions en cette journée, à revenir encore et encore, à nourrir, à saisir, à vous abreuver de votre propre source d'amour divine, de vous rappeler que vous êtes Amour, de vous rappeler que vous êtes porteurs de cette Source d'amour intarissable, quotidiennement, en chaque seconde.

Venez ouvrir votre champ de conscience sur votre Amour, sur votre Lumière et cessez de vous oublier, de vous diminuer. Cessez pour certains, de vous sacrifier, pour d'autres de faire le choix de ne pas volontairement penser à qui vous êtes, venant juger qui vous êtes, venant juger que vous devriez être autrement. Lorsque la lumière émane de vous, vous pouvez vous confronter au refus même d'accueillir vos énergies se présentant dans cet instant même, pour transformer et transformer et transformer et transformer et transformer et transformer, encore et encore qui vous êtes.

Cette volonté de transformer est devenue pour certains un piège et une manipulation de votre propre ego, vous faisant croire à une forme de chemin, pour certains, spirituel, pour d'autres, personnel, qui vous éloigne davantage de qui vous êtes, dans cette transformation encore et encore de ce que vous devriez être et non point ce que vous êtes.

Revenez davantage en vous-même. Observez les espaces dans lesquels vous pouvez vous confronter, ceux où vous n'avez pas envie d'être comme ceci, ceux qui viennent vous déranger et qui vous poussent à être autrement etc. Ne cherchez pas à transformer ces espaces, mais davantage cherchez à les accueillir avec amour. Car il y a un refus d'accueillir avec amour ceux que vous jugez et où vous êtes blessés dedans. Vous pensez « comment accueillir avec amour cet être qui m'a tant blessé, comment venir accueillir avec amour cet espace où je me sens abandonné de la lumière, comment venir accueillir avec amour, cet espace où je ne supporte pas de moi-même ? »

Qu'en est-il du ressourcement de votre chakra cœur ? Qu'en est-il de l'utilisation des fonctions de votre chakra cœur ?

Qu'en est-il de cette voie à laquelle vous aspirez à ouvrir à l'Amour ? Qu'en est-il de cette voie où vous pouvez accueillir un autre et pas vous-même ?

Que peut représenter l'essence même de qui vous êtes, lorsque vous avez de tels comportements ?

Qu'en est-il de l'ouverture de votre chakra cœur, lorsque vous êtes dans un refus d'accueillir une blessure, une différence, un jugement ? Qu'en est-il de votre chakra cœur lorsque vous êtes dans l'accusation et non pas dans la responsabilisation de la création même de cet événement, de cette situation ? Qu'en est-il de votre chakra conscience lorsque vous refusez volontairement d'exprimer une émotion ?

∞ La création de nos souffrances ∞

Les souffrances du corps physique sont une conséquence de blessures émotionnelles non exprimées et ces interdits émotionnels sont eux-mêmes dus à des interdits de votre propre ego.

Vous lui permettez ainsi de ne pas retourner vers l'essence même de qui vous êtes, par des formes d'interdictions. Au nom du cœur, vous ne vous libérez pas de certains poids, de certains miasmes très présents, alors qu'il y a simplement une demande d'évacuer la charge énergétique émotionnelle, d'évacuer la charge énergétique corporelle, d'évacuer la charge énergétique mentale, sans y avoir une forme de répression, de jugement, de conditionnement, sur la partie la plus humaine de qui vous êtes.

Vous êtes un être avec un potentiel spirituel et un champ énergétique autour de vous. Dans ce champ énergétique, un autre champ énergétique différent de vous pénètre votre champ énergétique. Votre espace de personnalité a une réaction face à cette différence, créant ainsi, soit un refus, soit une sensation d'abus, soit une sensation de rejet, soit une sensation d'accueil, soit diverses sensations.

Si votre structure mentale n'accueille pas cette différence, il y a une création émotionnelle : pleurs, colère etc. Si votre corps mental accepte cette différence ou cette pénétration, il y a création dans votre corps émotionnel : joie, satisfaction, etc. Ainsi, s'il y a interdiction d'exprimer le corps émotionnel pour diverses structures ou interdictions mises sous certains conditionnements, le corps physique va, s'il y a rejet, venir créer une barrière énergétique, une cristallisation, une rigidité dans le corps, créant des tensions corporelles. Et si le corps est en acceptation de cette différence, il y aura détente, libération et ouverture du corps.

Ainsi, observez, que l'une ou l'autre situation, demeurent dans votre personnalité et l'espace de votre structure humaine.

C'est votre personnalité qui juge que cette situation est bonne, que cette situation est satisfaisante, que cette situation n'est pas satisfaisante, que cette situation devrait être autrement, etc. créant réaction émotionnelle et réaction corporelle, si la réaction émotionnelle n'est pas autorisée.

Mais comprenez que cela demeure dans une structure de vos personnalités et ne vient pas toucher le Cœur et l'Amour de votre essence. Non pas que cela ne doit pas être vécu, mais nous vous invitons simplement à y mettre un champ de conscience, que ceci demeure des jeux, dans la transcendance de votre personnalité, afin que cela puisse être mis dans le chakra de votre cœur, dans l'englobement que tout est possible, que tout est bienvenu dans le divin cœur que vous portez, qu'aucune de ces situations n'est meilleure au niveau de votre chakra cœur. Simplement dans des structures et dans des jugements différents au niveau de votre structure de votre personnalité et du cœur de votre personnalité.

Venez simplement ouvrir l'englobement des multiples facettes et possibilités que votre personnalité se joue ou joue, afin de fuir la voie du cœur divin.

Puissiez-vous dans cet espace du cœur divin, vous sentir tel un amour, terrestre et divin, tel un amour inconditionnel, d'être le Père Amour, la Mère Amour, d'être dans l'enveloppement que ce qui est, tel que cela est et d'être dans l'amour d'embrasser ce qui est.

Dans ces embrassades au travers de votre essence divine, vous embrassez votre personnalité, vous embrassez l'être et la personnalité que vous êtes, vous embrassez les projections que vous pouvez faire sur les miroirs des autres êtres, vous embrassez les êtres et vous embrassez certes l'humanité, dans ce qui est et non plus dans ce que vous jugerez que cela devrait être, pour être dans un rayonnement du soi-disant monde parfait auquel vous-mêmes vous attendez.

Venez ressentir dans ces embrassades d'amour le pouvoir divin en vous. Tout est parfait dans ce qui est vécu immédiatement, à tout instant de chaque vie, de chaque incarnation, de chaque étoile divine, vivant ces retrouvailles auprès d'elle-même.

Vous êtes cette étoile divine, vivant la réconciliation auprès d'elle-même. **Il y a des espaces dans le chakra cœur, qu'il demeure difficile d'accepter ou d'accueillir ce qui a pu être vécu. Cependant, nous vous rappelons que cet espace est simplement votre chakra cœur, dans l'expression humaine et non pas dans son potentiel de ce qu'il peut offrir.**

∞ L'identification aux croyances ∞

Regardez ces blessures dans votre espace de votre cœur humain et observer que ces blessures sont une conséquence de vous être identifiés, de vous être crus ceci, de vous être identifiés et de vous être cru cela, de vous identifier et de vous croire victime de, de vous identifier et de vous croire bourreau de ceci.

De vous identifier et de vous croire le frère de celui-ci, de vous identifier et de vous croire la femme de cela, de vous identifier et de vous croire le fils de ceci, de vous identifier et de vous croire l'être de cela etc. etc. De vous identifier et de vous croire avec une mission, de vous identifier et de vous croire que vous êtes à tel niveau, que vous ne pouvez pas exprimer une émotion, car ceci serait à l'antipode de la voie du cœur, etc.

Venez observer combien l'identification et les croyances sont dans vos structures de votre champ mental, venant en conséquence emprisonner votre champ émotionnel, votre champ corporel et votre champ énergétique de lumière.

Venez rouvrir davantage l'espace de votre conscience et de votre champ mental, car tout être est autorisé à exprimer ce qui est, car l'expression de ce qui est, est un message divin pour lui-même et pour d'autres, dans la relation énergétique à cet être.

Lorsque vous exprimez une colère, cette colère est divine, même si la personnalité peut revenir dans un jugement d'injustice, d'intolérance, de non-acceptation, etc. Lorsqu'un être exprime une colère et qu'il y a refus de cette colère, observez combien ceci vient simplement réveiller par la lumière les propres résistances dans votre organisme et dans votre champ énergétique mental et émotionnel, de multiples interdits auxquels vous vous êtes emprisonnés. Lorsqu'il y a tristesse, nous pouvons vous observer dans le même processus.

Venez maintenant observer lorsqu'il y a joie. Pour certains êtres, la joie est fortement autorisée, ainsi le corps peut faussement être rassuré d'être dans la joie, à défaut de rejeter d'autres formes d'émotions du corps.

Ne venez point confondre et ouvrez votre champ de conscience à la différence de votre pure joie divine, qui est le rayonnement de l'essence même de qui vous êtes et de la joie dans votre système émotionnel, qui est simplement une manifestation d'un refus, d'une autre situation que celle que nous vous proposons.

Telle est une voie des retrouvailles auprès de vous-mêmes, dans lequel le chakra cœur est fortement sollicité.

Les retrouvailles auprès de vous-même, vous demandent de revenir à l'observation de vous-mêmes, à l'observation de ce que vous jugez de vous-même, à l'observation de ce que vous jugez des autres.

> Venez ouvrir encore et encore le potentiel de votre chakra cœur. C'est dans le potentiel et dans l'ouverture de votre chakra cœur, que vous cesserez de vous amuser dans votre personnalité.

Vous reviendrez aux retrouvailles avec vous-même, sans fuir votre cœur et votre corps, à chaque fois que nous vous présentons un espace à réellement transformer de vous-même.

Ainsi, de multiples êtres se trouvent sur la voie d'éveil et nous en sommes fort heureux. Lorsque cette manifestation est telle que cet être veut le voir, il y a embrassades avec notre propre lumière. Cependant, lorsqu'il y a présentation de notre lumière dans l'ombre de cet être et que cette ombre est simplement une conséquence de ce qui a été ankylosé, cristallisé, jugé, pour diverses raisons de ses multiples incarnations, cet être ne voit plus notre lumière. Certains nous appellent, d'autres nous fuient et dans cet appel, il n'y a pas appel à nous-mêmes, il y a appel à la transformation de ce qui est, afin que la lumière vienne sauver l'ego, de ce en quoi il est mis.

Or, nous vous rappelons que nous sommes Lumière. Nous vous rappelons que vous êtes lumière.

Nous vous rappelons que nous ne sommes pas là pour transformer des inconforts de votre personnalité.

Nous ne sommes pas là pour sauver votre personnalité, car, dans ces manifestations, vous ne retrouverez point la guérison et la réconciliation auprès de la Lumière.

Nous vous donnons un exemple : un être désire réussir son entreprise. Alors, cet être nous sollicite et sollicite sa lumière intérieure. Cet être, à un moment donné, a des difficultés dans la réalisation de cette entreprise.

Cet être peut encore solliciter la lumière, car cet être peut être en confiance auprès de la lumière. Cependant, cet être sollicite la lumière, afin que la lumière vienne transformer la situation extérieure, pour que la réussite de son entreprise se manifeste mais il ne vient pas demander la transformation intérieure de l'acceptation que ce qui est, soit.

Si cet être demande les forces de la lumière pour sa transformation d'une situation extérieure, cet être n'est pas en réconciliation avec lui-même et cet être se perd dans un espace de son ouverture de cette incarnation. Il se perd dans l'identification de sa tâche dans son incarnation et cet être ne vient plus nous rejoindre dans les retrouvailles auprès de la lumière.

Nous vous informons que ce qui est très important pour nous, est que vous êtes dans une évolution auprès de vous-mêmes et que vous êtes dans une retrouvaille auprès de vous-mêmes.

Ainsi, si une situation vous ramène aux retrouvailles avec vous-mêmes, vous ramène à l'abondance d'amour auprès de vous-mêmes, nous honorons et nous encourageons cette situation.

> Nous ne sommes pas là pour vous enlever toute forme de prétendue souffrance que votre ego vit.

> Nous sommes dans la lumière auprès de vous, pour vous révéler votre potentiel de lumière, afin de revenir à cette unité intérieure, que ce qui est, est et que ce qui est, est et est.

> Il n'y a pas de désir de vouloir changer ce qui est et simplement d'être dans l'accueil de ce qui est.

Ainsi pour certains êtres, certains me diront : « cher être, comment puis-je vivre sans argent ? ».

Observez que vous pouvez vivre sans argent. Observez que vous ne mourrez pas si vous n'avez plus la soi-disant abondance financière, à laquelle vous vous identifiez et avec laquelle il y a amalgame de la circulation de cette énergie. Il y a une forme de possessivité auprès de cette énergie. Il y a une perte de la liberté, de la reconnaissance et de la réjouissance « d'alchimiser » ces énergies financières.

Vous perdez, à l'instant même, lorsque vous êtes dans la possession de ces énergies, votre lumière et votre potentiel de transformation de cette énergie lumière en énergie matière. Qu'en est-il si vous êtes sans argent, quelles seraient les conséquences ? Observez que les conséquences seraient des conséquences pour votre ego. Observez si vous êtes sans argent. Est-ce que réellement vous ne pourriez plus vous nourrir dans cette incarnation ? Est-ce que vous seriez seuls? Est-ce que personne ne viendrait vous offrir à manger etc.

Observez également que vous pourriez créer une forme de solitude. Non pas que les autres ne viendraient point à vous, non point ceci, mais à cause de la rancœur et la non-acceptation que la vie vous ait mise dans une situation dans laquelle vous ne vouliez pas être et où vous refusez d'ouvrir l'espace du potentiel du chakra cœur.

Pourtant, cette situation est une occasion de lumière, de vous révéler à votre propre source intérieure auprès de vous-même et d'acquérir la confiance nécessaire en vos propres ressources, la confiance nécessaire aux propres ressources de la terre, la confiance nécessaire à votre propre reliance auprès des autres et la confiance nécessaire que l'abondance, par l'amour du cœur, est autour de vous et dans l'accueil, si vous choisissez de réceptionner l'amour autour de vous.

Observer que vous n'êtes dans aucun besoin, car vous avez, dans cette situation même, le potentiel de lumière éveillé à accueillir cette situation. Votre personnalité « distortionnée » et l'orgueil rentrent dans l'humilité et dans l'acceptation de ce qui est, afin de venir nettoyer tous les karmas.

Il y a eu de multiples identifications de se donner prestance à travers une situation d'identité sociale quelle qu'elle soit. Une telle situation viendrait réveiller les multiples mémoires karmiques de l'exclusion, du rejet, de l'isolement, etc. Non point que tout être doive rentrer dans la pauvreté, non point ceci. Chaque expérience ramène à vous-même. Cependant, nous vous parlons de cette expérience pour que vous puissiez la réaliser, pour certains êtres ici présents, à l'intérieur de vous.

Venez observer que dans ces situations où certains êtres vivent actuellement de pauvreté, vous êtes dans un espace accompagné de lumière, car dans cet espace de pauvreté, vous avez l'or et la richesse de la lumière pour vous révéler auprès de vous-mêmes.

∞ La lumière révélatrice ∞

Cela est à la base de l'éveil de votre conscience, afin d'être au cœur même de votre pauvreté, d'être dans la lumière et dans la richesse de votre pauvreté. Cela amènera par la suite une abondance extérieure, pour que vous puissiez rester dans la richesse auprès de vous-même et être dans la gérance de cette manifestation de votre richesse à l'extérieur.

Ce qui pourra éveiller de multiples conflits intérieurs, de multiples peurs intérieures, révélant encore et encore d'autres karmas de jalousie, de conflits, de guerre etc.

Mais dans ces instants mêmes, vous avez la possibilité d'être accompagnés par la lumière et de réveiller la guérison, de sceller qui vous êtes, d'enraciner qui vous êtes et de dévoiler le joyau de qui vous êtes, dans son émanation et dans son potentiel.

Venez observer que pour certains, les croyances d'être bannis, d'être tués, d'être crucifiés, d'être non compris, jalousés etc. sont simplement, encore et encore, des cristallisations de vos personnalités et de vos karmas, mais vous avez le potentiel, auprès de la lumière, de nettoyer et de transformer encore et encore, pour prendre votre place dans l'Être et dans la Lumière que vous êtes. P

Par la suite, vous aurez la possibilité d'émaner et d'offrir la source d'amour de qui vous êtes, à travers vous, à l'énergie vous entourant et par laquelle il y aura magnétisation des êtres vous entourant.

Observez qu'il y a de multiples êtres dans cette incarnation ayant développé toutes ces étapes de leur propre potentiel et permettant ainsi d'être en amour et en joie éternellement auprès d'eux-mêmes, dans leur propre corps, dans leur propre énergie.

Ces êtres englobent et accueillent toute divinité, toute humanité sur votre planète Terre et tout être sur cette planète Terre.

Vous êtes aussi cela et vous portez le potentiel de ceux-ci. La lumière vient révéler encore et encore certes ce potentiel, mais également les barrières, les limitations, les conditionnements que vous pouvez encore porter, vous empêchant vous-mêmes de devenir le créateur, l'amplificateur et le protecteur de cette lumière divine dont vous êtes toutes et tous porteurs, porteuses. Nous vous remercions.

Nous vous invitons à déployer votre chakra cœur bien au-delà de l'amour affectif, mais dans l'accueil que ce qui est, est. Dans l'accueil, l'enveloppement et l'embrassade des peurs (5 fois) que vous manifestez lorsque la lumière se présente auprès de vous, lorsque la lumière vous dévoile et vous montre des aspects demandant à être libérés de vous-mêmes, de cette terre.

Pour tous ceux qui peuvent aspirer - et nous l'entendons fortement dans cette incarnation - à un monde meilleur, ce monde meilleur passe à travers vous dans votre propre transformation intérieure, non pas dans une transformation de la perfection et de la beauté égotiques, mais dans une manifestation d'accueillir encore et encore ce qui est, là où vous êtes, car là où vous êtes est parfaitement divin. Nous vous remercions.

∞ Le pouvoir de l'énergie de guérison ∞

Entendez que nous sommes très présents. Entendez que nous écouterons les multiples interrogations se manifestant dans vos structures. Nous vous remercions de la confiance et de la présence de qui vous êtes. Nous vous invitons à ouvrir encore et encore votre champ de conscience sur toutes les multiples guérisons que vous pourrez faire dans vos multiples cellules, en cette journée terrestre.

Venez contempler que cette guérison est certes pour vous-mêmes, mais également pour l'océan d'amour de cette planète, de cette énergie et entité Terre et des multiples espaces bien au-delà de vous-mêmes.

Par la guérison que vous faites aujourd'hui, prenez conscience que vous pouvez guérir immédiatement l'être à l'autre bout du monde, étant porteur de la même souffrance que vous.

Vous pouvez guérir immédiatement l'être de la septième génération au-dessus de votre incarnation terrestre, l'être à côté de vous, le mari, la femme etc. Non pas que vous deveniez des sauveurs, non point ceci. Mais venez révéler que votre présence est fort précieuse, dans la réconciliation de la lumière auprès de la lumière, la réconciliation de la lumière dans l'unité de ce qui est.

Lorsque vous désirez servir la guérison de cette terre, observez que c'est en étant dans des actions auprès de vous-mêmes, que vous venez, par votre émanation, guérir d'autres êtres autour de vous.

Ainsi, soyez ce que vous feriez aux autres.

Soyez le changement que vous désirez voir.

Cessez de conseiller d'autres et de ne point vous offrir cet espace auprès de vous-mêmes.

Venez observer maintenant, combien il peut y avoir changement, dans vos structures du corps, combien il peut y avoir libération de certaines structures du corps. Venez simplement être dans l'observation que votre essence peut davantage respirer. Nous vous invitons à renforcer la foi et la confiance en votre lumière, car nous sommes en vous.

Même lorsque vous êtes identifiés à un processus cristallisé, dans lequel vous êtes pris dans ce « miasme » cristallin, vous pouvez nous faire confiance car nous sommes présents auprès de vous et cette situation dans laquelle vous pouvez vivre les pires souffrances, est une souffrance de votre propre identification.

Vous pouvez dans l'instant, immédiatement, changer de plan de conscience afin de vous relier à votre propre lumière et dans l'observation vers votre propre lumière, vous pourrez percevoir la situation bien autrement, changeant immédiatement l'énergie de la souffrance.

Cependant, si vous demeurez cristallisés dans cette souffrance, venez entendre ce que cette souffrance a besoin d'exprimer. Cessez de vous interdire l'énergie de la colère, l'énergie de la tristesse. Venez rencontrer les peurs d'exprimer certaines émotions. Ne restez pas seuls dans la peur de l'expression de vos émotions. Ces forces de la lumière vous invitent à pouvoir voir un autre aspect d'une situation extérieure. Vous pouvez immédiatement être simplement dans l'abondance d'amour avec vous-mêmes, quoique vous puissiez, quelles que soient les situations présentes que vous avez pu créer dans votre extérieur et nous vous remercions.

Venez renforcer la confiance auprès de votre lumière. Venez prendre conscience que vous êtes vous-mêmes créateurs de ces situations et que seul votre pouvoir de transformation auprès de votre lumière permettra des changements de vos situations. Cessez de nous demander de changer vos situations. Venez changer vous-mêmes vos propres situations, par la reconsidération et le choix de vivre davantage auprès de votre lumière et non pas auprès de votre orgueil et nous vous remercions.

Venez accueillir auprès de votre chakra cœur, les multiples espaces, pour lesquels il y a refus ou résistance au changement. Venez simplement accueillir ceci. Ne cherchez point à changer, mettez simplement notre présence de lumière auprès de ces espaces de rejet et de refus. Nous vous remercions ».

{Canalisation avec la Vibration de Marie-Madeleine,

24 janvier 2015}

Journée de guérison

de notre Chakra Cœur (2)

*" Car l'activation de votre chakra cœur se manifestera encore et
encore par le retour de l'amour auprès de vous-même, par la cessation
de l'espace sacrificiel de vous-même ".*

La Vibration : « Venez rencontrer l'espace de votre ventre, du hara. Observez comment vous vous sentez, comment vous vous observez, comment vous vivez dans ce joyau de votre essence. Observez. Venez, en comparaison à votre état d'être en début de cette journée, observer « l'emmanescence » de votre vastitude intérieure. Nous vous amenons dans ce voyage auprès de votre source sacrée. Venez rencontrer à travers le regard de qui vous êtes, venez plonger votre regard, dans la source même de votre Lumière et de votre lueur intérieure. Qu'observez-vous ? Que voyez-vous ?

Observez les différents « miasmes » et champs mentaux se réveillant à travers vous. Pour certains, vous pouvez voir de grands Rois et Reines, pour d'autres vous pouvez y voir le Miséreux. Observez que ce sont des identifications de votre âme qui a fait ce choix de se révéler à elle-même au travers de multiples facettes du diamant de Lumière que vous êtes.

Le Miséreux est une Lumière divine à la hauteur du Roi ou de la Reine en vous.

L'Enfant est une Lumière divine.

Le Parent est une Lumière divine.

Venez observer ce que vous avez pu être ou ce que vous avez été dans l'illusion d'être. Non pas que cela n'ait pas été la réalité d'une incarnation qui a été vôtre, mais cela fait partie du voile de l'identification, afin que vous puissiez faire l'expérience de la réunification et du dévoilement de qui vous êtes.

Une Lumière au milieu d'autres Lumières ne voit plus sa Lumière.

Venez simplement observer les multiples scénarios que vous avez choisi de créer afin de venir vous révéler à vous-même.

Vous avez par moment une forme d'oubli que vous êtes dans un scénario - que vous avez créé - afin, nous le répétons, de venir faire l'expérience des retrouvailles, de la non-séparation et de votre unité intérieure.

La Lumière dans la Lumière.

La Lumière partout.

Lorsque nous partageons que la Lumière est partout, en venant créer des situations expérimentales dans lesquelles il semblerait qu'il n'y ait pas de Lumière, vous venez révéler ce que nous vous amenons sans cesse, telle une vérité : la Lumière est partout.

Lorsque vous créez des situations dans lesquelles il ne semblerait pas avoir d'Amour et de Lumière, vous venez faire l'expérience que VOUS êtes Lumière. Si vous êtes Lumière et que vous faites partie de cette expérience, la Lumière est dans cette expérience. Ainsi, par la reconsidération de vous-même et de votre propre Lumière, vous ne pouvez plus nier la Lumière dans quelques expériences que vous pouvez vivre.

∞ Choisir le chemin et la voie de notre propre amour ∞

Pourquoi ces jeux multiples de victimisation, ces jeux multiples où il y a sans cesse des situations conflictuelles, où il y a sans cesse souffrance et refus de rencontrer la Lumière, refus d'une certaine forme de changement ?

Observez. Qu'y a-t-il de si nourrissant de venir sans cesse alimenter l'ego et l'ego et l'ego et l'ego et l'ego et l'ego et l'ego et l'ego, au point de ne pas utiliser l'entièreté de votre chakra cœur, dans ce potentiel d'amour inconditionnel de ce que vous pouvez vivre et communiquer ?

Venez maintenant, dans ce regard auprès de vous-même, à l'instant même de la perte de votre corps physique. Que ressentiriez-vous si votre corps physique disparaissait immédiatement de cette incarnation ? Que ressentiriez-vous ? Comment ressentiriez-vous ? Que feriez-vous avec les autres ? Vous sentiriez-vous en paix avec vous-même ? Avec votre corps, avec le fait de vivre d'autres aventures de votre âme ? Êtes-vous prêts à une renaissance ?

> Venez observer, qu'à chaque instant, vous pouvez faire ce choix de renaître, qu'à chaque instant, vous pouvez faire ce choix de recréer votre nouvelle incarnation, et qu'à chaque instant, ce que vous demandez à la Lumière de changer, vous pouvez vous-même le changer par la reconnaissance que VOUS êtes Lumière, de cesser d'oublier votre Lumière, et de cesser d'oublier le potentiel de votre chakra cœur.

Car l'activation de votre chakra cœur se manifestera encore et encore par le retour de l'amour auprès de vous-même, par la cessation de l'espace sacrificiel de vous-même. Car c'est dans cet espace sacrificiel que vous venez tuer et créer des formes de séparation, de démembrement à l'intérieur de vous.

C'est dans cet espace que vous perpétuez les séparations, les désunions, ce qui provoque votre plainte de ne pas retrouver l'harmonie extérieure car vous contribuez à cette disharmonie extérieure en venant vous-même vous couper à l'intérieur. Et même si un autre être en face de vous est dans son unité intérieure, si, vous-même, vous perpétuez à vous mettre en morceau, à vous amputer, à ne point vous célébrer, vous ne pourrez pas être en harmonie avec l'Autre.

Nous vous invitons donc à cesser le sacrifice, à cesser de vous nier, à cesser de nier le corps, à cesser de vous malmener et maltraiter, à cesser de vous tuer, à cesser de ne pas vous respecter, à cesser de vous objectiver, ou vous diriger.

Revenez à l'objectivisation de vous, où lorsque vous êtes tel un objet, vous n'êtes pas dans l'espace de l'entièreté de qui vous êtes. De même, lorsque vous vous identifiez à des structures très rigides, dictatoriales, vous n'êtes pas non plus dans l'entièreté de vous-même.

Vous êtes sans cesse en train de fuir la souffrance et nous le répétons, en traversant la souffrance, vous rencontrerez la liberté d'être. En traversant la souffrance, vous cesserez d'être sans cesse manipulé par vos jeux.

Vous comprendrez alors, dans un éveil de votre conscience, l'identification à laquelle vous adhérez mais que vous n'êtes pas. Nous prenons l'exemple de théâtre. Venez observer que chaque instant, vous choisissez de jouer tel rôle, tel rôle, tel rôle, tel rôle, tel rôle. Vous pouvez fort bien jouer votre rôle en vous identifiant à ce rôle, en créant des émotions dans ce rôle et en étant bon acteur, au point de pouvoir donner aux autres vous observant, combien la mise en théâtre que vous faites avec d'autres êtres, est simplement fantastique à regarder, etc., etc.

∞ Les masques et fausses indentifications ∞

Cependant, un acteur, après ne plus être en scène, reprend l'être qu'il est et l'identité d'être qu'il est. Il cesse de s'identifier au rôle qu'il a choisi de jouer. Revenez de même pour vous. Observez que vous avez choisi d'être la femme de… Que vous avez choisi d'être le fils de… Que vous avez choisi ce métier, que vous avez choisi diverses formes et divers costumes que vous présente le possible de cette incarnation.

Venez reprendre la responsabilité que vous faites le choix de jouer dans ces rôles, de ne pas vous perdre dans ces rôles et retrouvez l'essence même de qui vous êtes, dans l'unité auprès de la Lumière.Pour cela, venez rencontrer la réconciliation auprès de votre corps, auprès des marques et des empreintes de votre corps, suite à une identification de qui vous êtes.

Pour beaucoup d'êtres dans ces incarnations, il existe un emprisonnement dans un personnage ne pouvant plus enlever le costume de ce personnage, car enlever le costume de ce personnage éveille des souffrances d'identification, perpétuant le piège de l'emprise et de l'enfermement dans le personnage.

Pour certains êtres, il y a la conscience d'être emprisonné dans un personnage et dans un rôle pour lequel il est difficile d'enlever le costume.

Nous vous invitons, pour ces êtres, à augmenter le potentiel de la reliance, de l'alliance à votre Lumière et à la reconsidération de qui vous êtes en vous regardant tels que vous êtes : Amour, Lumière. Amour, Lumière. Amour dans votre émanation féminine, Lumière dans votre émanation masculine. Yin et Yang. Terre et Ciel.

Observez le costume que vous portez maintenant. Observez le personnage que vous avez choisi d'incarner en ce jour dans cette incarnation. Comment se compose-t-il ? Qui est-il ? D'où vient-il ?

Observez son histoire. Observez ce qu'il a envie de se raconter. Observez maintenant dans la profondeur l'Essence même de qui vous êtes et votre Lumière.

Observez comment votre Lumière peut être emprisonnée dans ce costume et créant tout ce carnaval humain. Observez. Observez. Observez. Observez que de multiples souffrances sont des trésors et de l'or pour vous réconcilier auprès de vous-même.

Observez que toutes les souffrances de détachement et de séparation sont des portes d'accès à la liberté de votre essence et à l'engagement auprès de vous-même, avec vous-même.

Observez que partout où vous vous sentez mal aimé, ceci est une voie royale pour vous permettre d'être libre tel que vous êtes, de ne pas être dans une aliénation et dans des attachements auxquels il est fort difficile pour d'autres structures de se libérer.

Ainsi, si un être ne vous aime pas, remerciez cet être. Remerciez cet être. Il est un maître d'évolution pour vous donner accès à votre liberté de pouvoir être libre de vous aimer, de vous rencontrer. Observez ce maître ne vous aimant pas. Ce maître vous révèle à vous-même en vous offrant le possible de vous dire : "tu as tout en toi, tu n'as point besoin de moi". Observez ce maître ne vous aimant pas, vous permettant ainsi de rentrer dans la force d'amour auprès de vous-même, de vous permettre de lâcher l'orgueil d'être aimé de tout le monde, de rentrer dans l'humilité de vous aimer vous-même et ne pas dépendre des autres pour désirer vous aimer. Observez cet être ne vous aimant pas. Combien cet être vous aide dans la réconciliation avec vous-même de vous choisir et de ne pas le choisir lui.

Observez, combien cet être vous donne la liberté d'être qui vous êtes, d'être dans ce choix, de vous révéler à vous-même et de ne pas vous perdre dans la relation à un autre être. Vous pouvez sortir de la fusion, de la confusion, pour retrouver la liberté d'être et faire ce choix de l'aimer.

Observez que vous-même, vous gardez ce potentiel d'aimer et de laisser le cœur ouvert à cet être, auquel en apparence dans son costume, il prend l'aspect de ne pas vous aimer. Vous pouvez demeurer : Je suis. Sans être dans l'approbation de l'Autre. Vous pouvez déployer votre amour et aimer ce qui n'est pas aimé. Car venez rencontrer que la difficulté qu'un autre être ne vous aime pas, n'est pas la difficulté que cet être ne vous aime pas.

Votre propre difficulté, c'est que vous n'acceptez pas et que vous refusez que cet autre être ne vous aime pas.

Ainsi, lorsque vous êtes dans ce positionnement, vous êtes cet autre être ne vous aimant pas. Vous êtes dans la projection et dans le miroir à être comme cet autre être ne vous aimant pas. Maintenant, venez reconnaître que cet autre être ne vous aimant pas est un maître de sagesse et d'évolution pour vous-même et qu'à travers son attitude, son comportement que vous interprétez tel qu'il ne vous aime pas, cet être vous donne accès à votre choix d'aimer, à votre choix d'être vous-même, à cette liberté de revenir auprès de vous. Vous cessez de vous identifier et de cautionner le non-amour.

Quand vous êtes dans le rejet de cet être qui ne vous aime pas, vous cautionnez l'attitude du non-amour et pratiquez l'attitude du non-amour sur vous-même et sur cet autre être. Vous demandez inconsciemment que cet être change immédiatement d'attitude, et nous en avons déjà parlé ce matin, vous nous implorez à ce que cet autre être change immédiatement d'attitude.

Mais nous vous rappelons de venir vous-même nous révéler et nous retrouver dans la Lumière auprès de vous dans cette attitude de non-amour auquel vous sentirez notre présence auprès de vous. Vous sentirez notre présence auprès de cet autre être, qui, dans ce costume "ne vous aime pas".

Vous sentirez notre présence dans cette situation. Vous sentirez que vous êtes aimés. Vous sentirez que cet être est aimé. Vous sentirez que vous aurez le choix d'aimer cet être, même si cet être présente des comportements de non-amour auprès de vous. Vous sentirez également que vous aurez le choix d'aimer notre Lumière même si nous ne cautionnons pas ou ne prenons point parti pour vous-même. Vous sentirez également que nous portons de l'amour à cet autre être, que nous ne jugerons point cet autre être et que nous n'amènerons pas une punition auprès de cet autre être etc.

Venez simplement observer là où vous êtes dans la création, dans le potentiel libre de qui vous êtes, ce choix d'aimer et d'ouvrir votre chakra cœur ou de fermer votre chakra cœur dans telle ou telle ou telle situation.

Il ne faut pas nier les émotions que cela peut susciter dans un premier temps. Mais vous pouvez descendre dans cet espace-là des retrouvailles avec nous-mêmes et de la conscience qu'il n'y a pas de séparation avec cet autre être ne vous aimant pas, car nous sommes le point d'union de cet autre être et de vous.

Vous permettrez également à l'autre, d'être dans le costume qu'il a envie de porter, d'être dans le regard et le visage qu'il a envie de montrer. Vous saurez également que cet être est dans un personnage et dans un costume. Vous saurez également que cet être est autre, que cet autre être n'a pas toujours accès dans cette réalité qui est vôtre, à qui il est, et que ceci est son chemin, et non point le vôtre.

Regardez-vous dans l'émanation de votre Lumière, dans les multiples visages et apparences que peut prendre la matérialisation extérieure qui vient vous révéler de multiples aspects que vous pouvez encore porter en vous-même, par le fait même que vous êtes souvent perdus dans l'illusion que le personnage que vous incarniez était l'entièreté de qui vous étiez.

Craquez le voile de l'illusion.

En ouvrant le champ, venez observer que ce que vous voyez est bien au-delà d'un simple visage, d'un simple masque corporel, d'une simple matière que vous avez choisi de manifester. Venez observer que vous voyez de multiples cellules vivantes réunies, condensées, créant un nez, créant une bouche, créant des cheveux etc. et qu'au cœur de ces multiples cellules, il y a Lumière, il y a Vie, il y a Rayonnement.

Regardez-vous bien au-delà de votre corps physique. Venez observer que ce corps physique est un costume pour vous permettre une connaissance de la matière afin que vous puissiez prendre conscience de qui vous êtes.

∞ Le voile de l'illusion et de la souffrance ∞

Observez maintenant, pour certains êtres, le voile de l'illusion de la peur de la souffrance, de l'impuissance dans la souffrance, du refus de la souffrance, ce qui persuade certains êtres que "tout va bien", qu'il n'y a "pas de problème". Ceci est un voile de ne vouloir voir que la Lumière en omettant la réalité et la situation dans sa globalité.

Venez observer que ce voile d'illusion que "tout va bien" et que "je ne vois que la Lumière", n'est pas les retrouvailles de votre essence, mais la fuite du passage de la souffrance vous permettant de rester dans le masque et le personnage enfermé, en vous faisant croire que tout va bien dans votre personnage afin de ne point changer votre personnage.

Car le changement de votre personnage est inconfortable et terrorisant. Vous avez envie de faire croire que "tout va bien" pour ne pas aller rencontrer la souffrance où il y a de multiples croyances renforçant le mal de souffrir. La souffrance est alors davantage dans la croyance de souffrir que dans le passage de ce que vous pourriez appeler la souffrance.

Ainsi, dans les actions de renaissance, il y a une illusion que la renaissance fait mal. Pourtant, la renaissance est Lumière.

La renaissance est féconde. La renaissance est fertile. La renaissance est source de joie et d'extase.

Venez ôter les voiles que le changement est douloureux car vous créez la douleur dans vos changements, perpétuant la prison de votre personnage, vous empêchant de vous rouvrir à l'unité de votre Lumière, et de rencontrer la difficulté, voir le refus du changement. Car pour certains êtres, le personnage dans lequel ils vivent leur convient très bien et ils n'ont pas envie de le changer. Nous vous invitons simplement à ne pas changer.

∞ Le respect du corps ∞

Cependant, observez que, même si nous vous invitons à ne pas changer, le processus dans lequel vous êtes appelle toujours au changement, encore et encore, car vous ne pouvez pas arrêter l'espace-temps dans lequel vous êtes. Votre corps vit lui-même dans la non-séparation auprès de la Lumière, votre corps est en lien avec la Lumière et avec l'évolution de la Lumière.

Le refus crée certains mécanismes de séparation de votre corps et de votre illusion, qui vous font croire que "tout va bien" et qui montrent d'autres signes. Vous pouvez masquer le corps en refusant le vieillissement par exemple, afin de refuser de rentrer dans l'espace de Lumière etc. Vous pouvez anesthésier le corps pour que votre corps ne vous donne pas de signaux de sa reliance à la Lumière etc.

Vous pouvez frapper et bannir votre corps afin que votre corps se soumette au personnage et non pas à la Lumière. Cet espace de non-acceptation n'a pas compris, n'est pas encore en éveil que le corps est en dévotion à la Lumière, que le corps ne peut pas être séparé de la Lumière, que le corps, même s'il désirait être au service du personnage, ce corps ne le peut point.

Continuez à maltraiter ce corps ! Mais ce corps est innocent et ce corps est dans le service de la Lumière !

Vous avez choisi ce corps et ce corps peut vous révéler à la Lumière.

Ce corps est la maison de votre Âme, la maison de votre Lumière, et non pas de votre personne, de votre personnage, de votre théâtre.

Ce corps est la maison de votre Lumière.

Vous ne pouvez pas mettre un personnage dans ce corps sans que ce personnage puisse être dans ce corps, mis en Lumière, pour ensuite exprimer : "Je ne veux pas changer. Je suis dans ce corps de Lumière, être de Lumière, force de Lumière, révélez-moi à qui je suis !"

Cet être de Lumière vous met dans ce corps qui est votre et ainsi il y a refus de voir qui vous êtes.

Regardez au travers ce miroir qui vous êtes !

Ce corps est la maison de votre Lumière, nous le répétons, et non pas la maison de votre personnage. Ce corps porte la Lumière. Ce corps révèle la Lumière. Ce corps peut vous initier, là, où vous avez le possible d'évoluer et de changer.

Lorsque vous rentrez dans votre corps, vous rentrez dans la mise en Lumière. Lorsque vous rentrez dans la mise en Lumière, vous observez et voyez partout là où il y a dysfonctionnement. Vous voulez ressortir de votre corps pour ne pas voir, changer votre corps afin qu'il vous montre autre chose.

Observez que vous vous comportez avec votre corps comme vous vous comportez avec nous-mêmes. Vous nous demandez quelque chose… Nous répondons. Notre réponse ne vous convient pas. Vous cherchez autre chose. Pourquoi avez-vous demandé ? Car vous fuyez qui vous êtes. Vous pouvez continuellement continuer à fuir, à fuir et à fuir et à fuir qui vous êtes, vous pouvez perpétuellement continuer le théâtre, le théâtre, et le théâtre.

Nous sommes très heureux que vous puissiez faire cela. Cependant, ensuite, pourquoi vous plaignez-vous ? Car nous sommes heureux de ce que vous pouvez vous permettre de vivre comme expérience. Nous ne sommes pas dans la souffrance de ce que vous vivez. Vous seuls manifestez votre propre souffrance par le choix même de vous identifier à certaines formes de personnages que vous-mêmes choisissez de créer.

Ainsi, nous revenons à ces êtres posant des questions auprès de la Lumière, auprès de leur corps, à qui le corps et la Lumière donnent des réponses et à qui la réponse n'étant pas telle qu'elle était attendue et entendue, les êtres se révoltent auprès du corps et de la Lumière.

> *Observez que seul le comportement de la fermeture du cœur, de la non-acceptation, et du rejet crée votre propre souffrance.*

Nous ne souffrons pas lorsque vous ne nous écoutez pas. Nous ne souffrons pas lorsque vous semblez rejeter la Lumière car nous vous aimons. Nous sommes toujours avec vous et nous nous sentons perpétuellement en alliance et en reliance avec vous.

Vous seul créez ce champ de souffrance, lorsque vous choisissez la séparation. Observez que vous choisissez la séparation lorsque les choses ne se passent pas comme vous le désireriez et que vous décidez de quitter telle personne, tel enseignement, vous décidez de quitter telle ou telle chose, car ceci ne semble plus être bon pour vous. Or, venez rencontrer que, dès lors, il y a une fuite de ce que la vie, de ce que le corps vous propose - nous ne parlons pas des situations de maltraitance du corps, non pas ceci.

Combien y a-t-il de situations où votre corps se sent attiré ? Mais pour diverses raisons, votre champ de conscience, votre mental peut y mettre des freins et des freins et des freins, sous diverses excuses. Ils n'offrent pas la possibilité au corps de faire cette expérience, de se réjouir de cette expérience, ce qui met le corps en souffrance, pour que le corps puisse venir valider, en apparence, qu'il n'y a point à aller dans telle ou telle situation etc.

Nous vous invitons en ces instants à aller regarder le refus. Combien le refus à la Lumière peut être très présent et que vous vous plaignez que vous n'êtes pas dans la Lumière. Observez que vous créez votre séparation à la Lumière.

La lumière est!

∞ Se responsabiliser ∞

Nous sommes perpétuellement auprès de vous. Nous embrassons tout ce qui est car nous aimons tout ce qui est. Cessez de nous attribuer ce qui n'est pas. Cessez de nous attribuer que vous devez faire cela ou cela au nom de la Lumière, car la Lumière ferait ceci, ferait cela, car la Lumière penserait ceci, penserait cela, car la Lumière a demandé ceci, a demandé cela.

Revenez dans la maturité de vos essences, dans le potentiel de votre responsabilité d'être et de choix que vous faites librement, d'être dans l'amour et dans le rejet. Venez simplement observer que ce que vous vivez dans votre vie touche le chakra cœur : rejet-amour, rejet-amour, rejet-amour, rejet-amour. Je ferme, j'ouvre. Je ferme à cela, j'ouvre. Je ferme à cela, j'ouvre à cela.

Nous n'invitons pas à ouvrir votre corps à toute expérience, non point ceci. Nous ne sommes pas en train de révéler un Oui inconditionnel à tout ce qui peut arriver, non point ceci, car ceci demeure de l'histoire de votre personnalité.

Nous vous invitons, dans l'ouverture du chakra cœur, à une conscience plus élevée que : « on me fait ça, je dis oui, on me fait ça, je dis oui », car ceci reste simplement au niveau de votre champ égotique, au niveau d'un champ de conscience de la dualité.

Nous vous invitons à dépasser le champ de la dualité pour rencontrer l'essence de l'unité. C'est dans cette essence de l'unité, que vous pouvez ouvrir un oui inconditionnel car vous êtes dans le champ de l'essence de l'unité.

Lorsque vous demeurez dans l'essence de la personnalité, nous ne vous invitons pas à vous ouvrir à un oui inconditionnel car ceci serait « distorsionné ».

Nous vous invitons davantage dans le champ de votre personnalité, au respect de vous-même, aux retrouvailles de vous-même, dans ce qui est juste pour vous de vivre et non pas pour ce qui serait juste pour les autres de vivre à travers vous.

Ainsi, vous pouvez toucher la notion d'amour inconditionnel de votre chakra cœur, lorsque vous touchez un espace vibratoire bien au-delà de votre dualité et de votre personnalité, lorsque vous quittez le voile de l'illusion, lorsque vous quittez le personnage de votre théâtre, lorsque vous revenez à la Lumière de votre corps, et à la conscience même de la création de vos champs énergétiques et de votre vie.

Ainsi, ne venez pas parler d'amour inconditionnel, d'un oui à toute expérience lorsque vous vous retrouvez dans le monde de votre champ de votre personnalité car vous perpétuez la séparation et vous vous enfermez dans de multiples souffrances vous éloignant de la source même de votre unité.

Nous comprenez-vous ?

*

Participant : Pas vraiment. Pas tout à fait.

La Vibration : Que ne comprenez-vous point ?

- **S'éloigner de la souffrance parce qu'on dit oui.**

La Vibration : Lorsque vous dites oui et que vous n'êtes point dans le champ de votre corps et que vous n'êtes point sortis du champ de la dualité, nous comprenez-vous, vous vous mettez, non point dans la reliance à la source, mais dans la séparation de la source.

Prenons un exemple : je suis identifié à un corps d'homme de guerre sur un champ de guerre. J'ai créé ceci. Je suis sur un champ de guerre, nous comprenez-vous ?

Alors, comme je suis amour inconditionnel, je dis oui, n'est-ce point, et je me mets sur ce champ de guerre à ouvrir les bras et dire oui à tout ce qui m'arrivera car Dieu me protège. Pensez-vous que vous allez rester dans ce corps longtemps ?

(Rires du groupe).

Nous vous remercions.

*

Le oui d'amour inconditionnel est en reliance dans un espace beaucoup plus éveillé du champ de conscience, bien au-delà du champ des identifications de votre personnalité.

Vous pouvez toucher un amour infini pour tout ce qui est.

Cependant, vous êtes dans un corps d'incarnation dans lequel vous avez choisi de vivre un personnage et dans ce personnage, vous êtes invités à ce que ce personnage vous réveille à vous-mêmes et non pas soit en sacrifice de la Lumière.

Avez-vous des questions ?

*

Autre participante : **En fait cela dépend d'où ça part. Si on part de la dualité ou de l'unité.**

La Vibration : Certes. Tout à fait. Si vous partez de la dualité, vous ne pourrez point toucher l'amour inconditionnel.

Participante : Donc, il faut vraiment sentir à chaque moment, si on est unifié ou en dualité… Pour avoir la réaction adaptée ?

La Vibration : Certes. Avez-vous d'autres questions ?

*

Autre participante : **Quelquefois, on croit aimer l'Autre mais en fait c'est au détriment de nous-mêmes. Donc, ce n'est pas de l'amour en fait.**

La Vibration : Ceci n'est point une forme d'amour inconditionnel. Ceci est une forme d'amour sacrificiel dans lequel il y a une perte de l'identité que vous êtes, une perte de la Lumière que vous êtes, afin de ne point perdre l'amour de l'Autre. Il y a identification et attachement auprès de l'amour de l'Autre et oubli et perte de liberté de vous-même, nous comprenez-vous ?

- Très bien.

*

Autre participante : **Est-ce qu'on peut être à la fois dans la conscience de l'unité et la conscience de la personnalité ?**

La Vibration : Certes. Ainsi à chaque niveau de conscience, ceci demande d'adapter et d'ajuster qui vous êtes, n'est ce point ? Ainsi, vous pouvez dire oui inconditionnellement à ce qui peut se présenter. Cependant, vous pouvez ajuster à un niveau de votre dualité ce que vous pouvez recevoir, n'est ce point ? Nous vous remercions.

∞ La différence entre l'amour sacrificiel et l'amour inconditionnel ∞

Participante : En fait, sur le plan de mon expérience, je pense que très souvent quand on parle de l'amour inconditionnel, c'est en fait, une très grande illusion, je parle sur ce plan de la personnalité. J'ai très souvent vu, que, quand quelqu'un parle d'amour inconditionnel, j'ai plutôt souvent eu envie de fuir en courant. Mais, si j'ai bien compris, c'est en fait c'est l'amour inconditionnel à l'esprit, mais il faut au niveau de la personnalité rester vigilant de savoir si on peut ouvrir ou ne pas ouvrir, est ce que c'est de cet ordre-là ?

La Vibration : L'amour inconditionnel dont vous pouvez parler au niveau de la personnalité et de votre ego est une pure illusion, et nous appellerions cela l'amour sacrificiel.

L'amour inconditionnel est dans l'unité de votre essence. Vous pouvez sentir et être dans l'Amour et dans l'accueil d'une situation, d'un vécu, d'une histoire, de la terre telle qu'elle est aujourd'hui, de cet espace tel qu'il est aujourd'hui, de cette nuit que vous allez vivre telle qu'elle est, dans l'acceptation, la dévotion, et l'entièreté de cette reliance à la Lumière et de ce qui est, est.

Cependant, il peut y avoir un réajustement au niveau de l'espace du personnage que vous incarnez, ce qui vient être juste pour votre personnage d'incarner afin de rester dans la clarté et le discernement de votre Lumière.

Nous prenons un exemple.

Vous pouvez vous retrouver dans une histoire de violence et de conflit avec un autre être, puis cet être vient taper qui vous êtes et vient taper votre famille. Vous pouvez reprendre cette situation dans l'événement de ce qui a pu se passer sur votre terre en début de ce mois.

Vous pouvez embrasser que cette situation est pur Amour pour une élévation de conscience pour tous et permettant un réajustement pour tous, nous comprenez-vous ?

Cependant, pour l'être qui - si nous reprenons cette situation de ce début de mois terrestre - a été tué, la famille a le possible de manifester son émotion, sa tristesse, son désespoir, sa colère, etc.

Les personnes, dans leur personnalité, ayant fait cet acte peuvent être, dans une forme de "condamnation" et remettre ces êtres et ces personnalités devant la responsabilité de leurs actes. Ils peuvent aussi être, à un autre niveau de votre champ de conscience, une merveille divine permettant à un inconscient collectif de s'élever encore et encore dans un champ d'action car dans cette situation, quelques êtres ont permis à un collectif entier de s'éveiller.

Ainsi, il est très important que la personnalité ne prenne pas l'amour inconditionnel pour elle-même car aucune personnalité ne porte l'amour inconditionnel.

> *L'amour inconditionnel se porte dans vos essences et non point dans vos personnalités.*

La personnalité va vivre la souffrance, l'ego va vivre la séparation. Redonnez à l'ego sa souffrance et la traversée de sa souffrance par la libération de ses émotions afin que la personnalité puisse faire le deuil et l'acceptation. Redonnez à votre essence l'amour inconditionnel permettant l'accompagnement du deuil de la personnalité. Nous comprenez-vous ?

*

Autre participante : Est-ce qu'accompagner des personnes pour soutenir un mouvement qui prend en compte tout le terrorisme - pas pour lutter contre - mais pour dire que les valeurs qu'on veut voir sur cette terre sont des valeurs d'Amour et manifester avec d'autres personnalités quelque chose qui porte ce message, est-ce que c'est vain ou est-ce que c'est juste ? Je ne sais pas si je suis très claire?

La Vibration : Grandement. Nous ne pouvons pas répondre à la question car tout est divin. Votre action est divine. Ce mouvement est divin. Ainsi, il n'y a point de juste et d'injuste. Cela est, tel que cela est. Nous comprenez-vous ?

- Oui, enfin non. Dans le sens qu'il y a un moment, dans la vie du monde, il y a à se positionner, enfin à poser des actions… Donc ces actes, si on les pose au nom de l'amour inconditionnel…

La Vibration : Vous ne pouvez point poser un acte dans votre personnalité au nom de l'amour inconditionnel. Vous ne pouvez point poser un acte dans votre personnalité au nom de la Lumière, au nom de Dieu, etc. car l'essence même est Amour et Divin.

Ainsi, votre action est divine mais l'action contraire est divine. Ainsi, vous ne pouvez point poser un acte dans votre personnalité au nom, d'une essence dans votre essence, nous comprenez-vous ?

- Alors les valeurs, c'est quelque chose au nom de la personnalité ?

La Vibration : Certes.

- Ça m'embête.

La Vibration : Lorsque vous vous positionnez auprès d'une valeur, vous venez mettre un jugement que ceci n'est point en valeur. Lorsque vous posez…

- C'est la réalité en ce moment que dans le monde, ce qui est mis en valeur, c'est le… Enfin il y a les deux qui sont mis en valeur... Est-ce qu'on n'a pas une responsabilité, comment dire, à accompagner un mouvement de Lumière ? On ne peut pas au nom de, je ne sais pas quoi d'ailleurs, tout laisser faire ?

La Vibration : Certes. Mais vous ne pouvez pas non plus au nom de :" je ne sais pas quoi" tout empêcher. (Rires des participants)

- Non. Oui. Non. Il y a quelque chose…

La Vibration : Vivez ce que vous avez à vivre dans ce mouvement. Observez si ce mouvement auquel vous adhérez vous met en accord avec vous-même, vous donne du baume au cœur, vous permet de vous donner une place auprès de l'amour de vous-mêmes.

- C'est le cas.

La Vibration : Ainsi, poursuivez ce mouvement pour vous-même. Observez que dans ce mouvement, « tout est Lumière ». Mais nous rappelons que le mouvement inverse serait également « Tout est Lumière », car c'est l'inverse de ce mouvement qui vous permet de vivre ce mouvement. Car s'il n'y avait point l'inverse de ce mouvement vous ne pourriez point créer ce mouvement, n'est-ce point ?

- (Rire) C'est tout à fait vrai.

*

Autre participante : **Si je comprends bien, lorsqu'il y a contradiction interne, le fait de dire non à quelqu'un, cela doit être en accord à l'intérieur de moi-même.**

La Vibration : Tout à fait. Lorsque vous dites non à un être, c'est pour vous dire oui à vous-même et non ne point dire oui à vos peurs. Ainsi, lorsque vous décidez de dire non à un être, ceci est pour dire oui à qui vous êtes, à l'amour de vous-même, au respect de vous-même et à la rencontre divine auprès de vous et non point pour dire oui à une peur de etc.

*

Autre participante : **Toute à l'heure, vous avez parlé de deuil de personnalité, ces personnalités, ces personnages qui sont à l'intérieur, qui nous font parfois souffrir. Comment réussir à être libéré ?**

La Vibration : Par la suite de la désidentification de l'éveil de votre conscience, à observer que vous n'êtes point que ces personnages, à observer que vous n'êtes point que, dirions-nous, cet ego de souffrance. Nous comprenez-vous ?

- Oui. C'est en observant, en méditant.

La Vibration : En ouvrant encore et encore votre champ de conscience, par le fait même de ce pèlerin à l'intérieur de vous, de l'essence même à l'intérieur de vous, que là où vous avez amorcé le chemin d'éveil de la conscience, éveiller, éveiller, éveiller, augmenter, augmenter, augmenter, intensifier, intensifier, intensifier le champ de conscience permettant ainsi de croître dans le champ de votre essence et dans les retrouvailles auprès de vous afin que vous puissiez vous désidentifier et vous ouvrir à la vastitude que vous êtes bien au-delà de la personnalité qui est vôtre.

- Donc rester connecté avec cet au-delà de nos personnalités.

LA Vibration : Certes. TOTALEMENT. Rester CONNECTE. Avez-vous autre question ?

*

Autre participante : Par rapport à l'illusion. L'illusion, je m'en fais toujours. J'ai toujours ce voile d'illusion. **Je me disais, l'illusion c'est d'aller chercher à l'extérieur ce qui est en moi déjà.**

La Vibration : Nous ne comprenons point la question.

- Je ne sais pas si c'est une question. C'est par rapport à l'illusion. Je suis toujours dans l'illusion que les choses vont changer, et malgré moi en sachant consciemment que oui ça ne peut changer, l'extérieur, je ne peux pas le changer. Et j'ai toujours ce voile d'illusion, qui se met, qui se retourne contre moi à un moment, et là, je suis dans la séparation avec moi-même. C'est exactement ce qui a été dit tout à l'heure.

La Vibration : Venez simplement observer que vous vous piégez dans cette illusion et que cette illusion vous empêche de prendre responsabilité de vous-même. Lorsque vous voyez ce champ d'illusion que "je mange des cacahuètes et tout va changer pour moi", vous pouvez simplement observer que vous vous faites manipuler par vous-même et par le costume que vous portez à ne point vouloir réellement changer, nous comprenez-vous ? Observez que vous touchez et que vous venez vous désidentifier, à ce moment-là, de la croyance de cette illusion. Nous comprenez-vous ? Car, en nous partageant à l'instant que vous voyez là où vous êtes dans l'illusion, vous sortez immédiatement de l'illusion et vous pouvez ainsi retrouver la liberté de votre potentiel, de votre action et de votre choix de rester dans l'illusion ou d'agir autrement. Nous comprenez-vous ? Nous vous remercions.

*

Autre participant : Il y a des moments où c'est très inconfortable et en même temps joyeux, quand les illusions tombent. Et ce que je trouve stimulant, et en même temps assez effrayant, c'est d'agir en fonction… C'est les actions ? Oui Bon. Quelle que soit l'action posée, c'est divin, donc, j'ai la réponse. Mais, ce n'est quand même pas confortable. C'est l'action, ce qui pose question, c'est l'action.

La Vibration : L'espace où il n'y a plus inconfort, c'est lorsque l'ego touche son humilité et perd l'illusion de sa toute-puissance.

- L'ego perd sa toute-puissance…

La Vibration : Et vient toucher l'humilité, mais l'humilité peut pour l'ego être une humiliation. Nous comprenez-vous ?

- Non. L'humilité peut être une humiliation… Pour moi, il y a confusion entre humilité et humiliation.

La Vibration : Certes. **L'humilité du cœur provoque l'humiliation de l'ego.** Ainsi, lorsque vous touchez ces espaces, vous touchez à la fois votre cœur et votre ego, et ceci peut créer à la fois une joie de cœur par son humilité et une souffrance de l'ego par son illusion de l'humiliation. Nous comprenez-vous ?

- Oui. Quelquefois, c'est l'un qui prend le dessus, quelquefois c'est l'autre.

*

Autre participante : **C'est quoi, le but de la vie ?**

La Vibration : Que souhaiteriez-vous répondre à cela ?

- Qu'est-ce qu'on fait ici ?

La Vibration : Que souhaiteriez-vous répondre à cela ?

- Je n'en ai aucune idée.

La Vibration : Ainsi, revenez à ce que vous désirez faire de votre incarnation, car vous avez la liberté de créer tout ce que vous souhaitez vivre. Les retrouvailles auprès de vous-même. Ainsi, vous pouvez faire le choix de vivre des expériences. Vous pouvez faire le choix des expériences de souffrance, vous pouvez faire le choix de vivre des expériences épicuriennes, vous pouvez faire le choix de vivre des expériences de retrouvailles auprès de vous-même. Tout est possible. Ainsi, nous ne pouvons pas vous dire le but de la vie. Car, il n'y a point de but, nous comprenez-vous. Nous vous remercions.

Nous vous invitons maintenant à reprendre vos miroirs et à vous regarder encore et encore. A observer comment vous vous trouvez, comment vous vous regardez. Comment vous trouvez la beauté de qui vous êtes. Comment vous voyez la Lumière en vous et la joie d'être qui vous êtes. Nous vous invitons également à nous voir dans ce miroir.

Nous vous habitons éternellement et nous remercions vos corps de nous loger. Nous renouvelons la fidélité de votre corps à la Lumière.

*

Autre participante : **J'aimerais demander et éclaircir souvent la sensation de tristesse que je ressens profondément.**

La Vibration : Nous lisons différents niveaux sur cette tristesse. Nous lisons la tristesse de l'enfant de ne point être dans la reconsidération et dans la reconnaissance de qui vous êtes. Il y a tristesse de l'enfant à intégrer le fait de vivre dans un monde de souffrance alors que cet enfant de Lumière pensait avoir la paix. Nous lisons également la tristesse de votre essence qui peut se sentir enfermée et encore dans de multiples attaches de certains modes et comportements de votre personnalité empêchant le potentiel d'expression de l'essence même de qui vous êtes, car ce potentiel est retenu par des peurs, et des peurs, et des peurs, en lien avec des identifications que vous portez encore de ces débuts d'incarnation. Il y a encore par moments dans votre champ de structure et de conscience, l'identification et la croyance à l'identification à ce que vous êtes, et non point à être dans la vastitude de ce que vous avez. Nous lisons également qu'il y a encore peur de la perte. Nous vous invitons à aller rencontrer la peur de la perte. Or, nous le répétons la perte serait, pour vous, salutaire car révélatrice de la libération de votre essence. Nous comprenez-vous ?

- Non. La peur en général ?

La Vibration : La peur de la perte de tout ce à quoi vous pouvez vous attacher encore et encore. Nous comprenez-vous ?

- Ce n'est pas encore tout à fait clair.

La Vibration : Que ne comprenez-vous point ? Observez dans votre vie où vous êtes attachée. Observez que ceci est telle la prunelle de vos yeux.

- Je suis attachée peut-être un peu trop à mon rôle de mère.

La Vibration : Certes, et à d'autres rôles auquel il y a la croyance que si vous perdiez tout ceci, ceci serait trop de souffrance pour vous. Or, observez, cher être, que si vous perdez tout ceci, que vous restera-t-il ? La liberté de votre essence! La Liberté de votre essence. Nous comprenez-vous ? Nous vous invitons à rentrer dans des méditations où il ne vous reste plus rien, afin de sentir la joie de la liberté de votre essence. Nous vous assurons que ce n'est point parce que vous ferez ces méditations, que vous allez devenir créatrice et qu'il ne vous reste plus rien (rires), non point ceci. Car ceci est d'abord un choix intérieur auquel nous ne vous arriverons rien, tant que vous-même, vous n'aurez point décidé de vous détacher, nous comprenez-vous ?

Nous ne vous mettrons point dans une situation catastrophique de souffrance pour votre personnalité. Cependant, venez également rencontrer et savourer la liberté de votre essence lorsque vous n'êtes plus dans certains rôles ou certaines attaches, afin que vous puissiez vous préparer pas à pas au passage qui vous attend et que vous préparez, et que ce passage se réalisera d'une autre manière que vous le craignez. Nous comprenez-vous et nous entendez-vous ? Ainsi, préparez votre corps à l'abondance, à la joie et à la liberté d'être. Pour ceci, visualisez-vous dans des méditations où vous êtes détachée de tout et combien il y a bonheur d'être détachée de tout. Nous comprenez-vous ? Nous vous remercions.

*

Nous allons repartir envers vous tous et auprès de vous tous, sur vos chemins. Nous aurons beaucoup de joie de vous retrouver et de vous accompagner. Restez connectés (rires) dans la conscience de vos êtres. Et nous serons toujours avec vous dans la conscience de vos êtres ».

{Canalisation avec la Vibration de Marie-Madeleine,

le 24 janvier 2015 }

Enseignement du cinquième Chakra

Gorge (Vishuddha)

" Venez nous rencontrer dans votre espace de la gorge et dites-nous - car nous vous demandons de prendre la parole - nous vous demandons de vous exprimer, nous vous demandons de crier, nous vous demandons d'affirmer, nous vous demandons de vivre à travers ce chakra de la gorge ce que vous ressentez".

La Vibration: « Nous sommes fort heureux de nous manifester et d'être parmi vous. Nous vous invitons à rentrer davantage à l'intérieur de vous, d'avantage dans cette conscience de votre chakra gorge.

Venez nous rencontrer dans votre espace de la gorge et dites-nous - car nous vous demandons de prendre la parole - nous vous demandons de vous exprimer, nous vous demandons de crier, nous vous demandons d'affirmer, nous vous demandons de vivre à travers ce chakra de la gorge ce que vous ressentez.

Que se passe-t-il dans votre chakra gorge ? Arrivez-vous à être dans ce chakra gorge ? Où est-ce que ce chakra gorge est bloqué ? Soit vous êtes au-dessus du chakra gorge, soit vous êtes en dessous du chakra gorge, soit vous êtes à côté du chakra gorge, mais lorsque l'on vous demande de poser votre conscience au sein même, au centre même de ce chakra gorge, que se passe-t-il pour vous ? Avez-vous la sensation d'étouffer ? Avez-vous la sensation que l'on pourrait vous étrangler ? Avez-vous la sensation que l'on pourrait brimer avec une corde votre chakra ?

∞ Le son de l'être ∞

Observez si le chakra gorge est voilé. Observez l'état intérieur, la sensation intérieure, comment vous sentez-vous lorsque vous êtes dans ce chakra gorge ? Êtes-vous enfermés ? Êtes-vous dans le noir ? Observez cet espace, mais peut-être n'avez-vous pas l'habitude de venir habiter par votre champ de conscience cet espace de qui vous êtes.

Car naturellement, ce chakra fonctionne aisément, facilement pour toutes et tous ici présents. Lorsque nous vous partageons qu'il fonctionne aisément, nous entendons au niveau de sa fonction organique, de sa fonction physique. Ainsi, peu d'êtres ici présents se posent la question de comment fonctionne leur chakra gorge car il fonctionne de manière assez fluide

Toutes et tous ici ont la parole, vous avez le son, vous avez l'écoute et les différents sens. C'est pourquoi le chakra gorge n'est pas, pour certains, le chakra à aller regarder, à aller développer.

Nous vous dirigeons dans ce chakra gorge, afin que **ce chakra gorge émane, émette, exprime le son de l'être** que vous êtes et nous vous remercions du son. Lorsque nous vous demandons d'être dans votre son, ressentez comment cela peut vous intimider d'oser être dévoilé, d'oser être vu, d'oser vous exprimer, d'oser être vulnérable. Certains êtres ici présents pensent que le son ne peut pas se faire, ou que cela ne se fait pas d'exprimer, ou que l'on va s'exprimer, mais doucement, timidement, ou que l'on va juste « dire » sans vivre l'expression du son de qui on est.

Ainsi chers êtres, comment pouvez-vous rentrer dans des relations de vous faire entendre, comment pouvez-vous entrer dans des relations de vouloir émaner, de vouloir exprimer qui vous êtes afin que vos relations soient plus claires, afin que l'autre puisse vous entendre, afin que l'autre puisse vous comprendre, si vous voilez, vous diminuez votre propre essence, si vous-même vous voilez, vous diminuez ce que vous aimeriez exprimer ?

Observez toutes et tous les problèmes de communication au sein même de vos relations, qu'il est facile parfois d'accuser l'autre de ne pas comprendre, ou que c'est l'autre qui ci, ou que c'est l'autre qui cela, ou que c'est l'autre qui ceci, ou que c'est l'autre qui cela. Or, lorsque vous êtes dans votre chakra gorge, êtes-vous sûrs que votre chakra gorge est dans l'entièreté de son ouverture, afin de pouvoir laisser résonner, exprimer, émaner le plus purement ce que vous aimeriez émaner, ce que vous aimeriez dire ?

Reprenez votre part de responsabilité dans les communications qui n'arrivent pas à s'entendre.

Car l'autre n'a qu'à deviner? Car lorsque nous invitons certains êtres à venir clarifier et nettoyer le chakra gorge, certains êtres sentent que « ça les gonfle », et comme « ça les gonfle », l'Autre n'a qu'a faire pour nous ! Choisissez de venir rencontrer votre chakra gorge, choisissez de laisser exprimer ce qui peut être à exprimer dans le chakra gorge, choisissez s'il y a des choses retenues dans ce chakra gorge, que celles-ci puissent être libérées. Re-fluidifiez afin que l'énergie dans le chakra gorge puisse à nouveau être fluide.

Ainsi, dites-nous, comment vous sentez-vous ? Dites-nous, que ressentez-vous dans votre chakra gorge, et nous demandons que chaque être ici présent puisse s'exprimer...

*

Participante : Dans mon chakra gorge, je sens cette fluidité et une clarté qui s'est installée depuis la dernière fois, au mois d'août.

La Vibration : Ainsi, émanez ce son cher être, émanez ce son, laissez-vous vous honorer de ce son et laissez les autres entendre le son de votre être, cher être, nous vous écoutons.

- Juste un son ? Juste la voix qui vient de très très très très... Loin.

La Vibration : Laissez cette voix venant du lointain émaner de vous, nous vous écoutons...

- (Sons)

- Poursuivez, augmentez...

- (Sons + forts)

- Prenez la puissance de ce son.

- (Sons)

- Poursuivez, osez, restez connectée à vous-même, à ce qui a besoin de sortir de vous-même...

- (Sons)
- Poursuivez…
- (Sons)
- Désirez-vous encore exprimer, cher être ?
- Non
- Et nous vous remercions…

Ainsi, poursuivez pour d'autres êtres… Comment vous sentez-vous dans ce chakra gorge ?

*

Participant : Je sens l'espace étroit et râpeux.

La Vibration : Observez qu'est-ce qui rend cet endroit étroit et râpeux ? Observez les parties qui se sont épaissies, venant mettre le canal étroit et non pas à la grandeur ou à la dimension de ce chakra. Observez ce qui vient encombrer ce chakra en vous…

- **La peur de dire des conneries.**
- Certes, ainsi qu'est-ce qu'une « connerie » ?
- Quelque chose qui pourrait toucher ou blesser l'autre…
- Certes.
- Et qui ne serait pas mon essence profonde.
- Ainsi, vous vous identifiez à la peur de blesser, or votre essence profonde est de ne point blesser, n'est-ce pas ? Ainsi, lorsque vous émanez et lorsque vous dites, l'essence profonde ne blessera point, n'est-ce pas ? Ainsi, même si vous dites quelque chose de votre vibration qui soit fort magnifique et merveilleux, comment pouvez-vous garantir que l'autre être en face de vous ne se sentira pas blessé ?
- Je ne peux pas le garantir.

- Vous ne blessez point les autres, vous ne pouvez point blesser les autres, vous n'avez point ce pouvoir de blesser les autres. Le seul pouvoir que vous avez est de vous blesser vous-même... Nous comprenez-vous ?

- Qu'à moitié. J'ai parfois l'impression que mes mots sont mal reçus et que cependant ils blessent l'autre, à voir ses retours.

- Observez que ce que vous pouvez dire à l'autre, ce qui est peut-être une vérité, ce qui peut être une justesse, ce qui peut être votre émanation divine, que cette émanation divine peut blesser l'autre, car ceci vient rencontrer l'autre dans sa propre fermeture. Ainsi, si nous reprenons ce que nous avons entendu ce matin du partage de ce groupe, un être ici présent a parlé de Dieu... Ainsi dites-nous, est ce que Dieu peut blesser ?

- Non

- Ainsi, lorsqu'un être dit le mot « Dieu », observez combien d'êtres autour peuvent être blessés à l'idée d'entendre le mot « Dieu ». La personne qui a émis le mot Dieu a-t-elle voulu blesser ? Cette personne est-elle dans une démarche de blesser, cette personne est-elle dans une démarche de non rayonnement, cette personne est-elle dans une démarche de non reconnaissance et de non reconnexion à la divinité ?

- Certes non.

- Certes non, et nous vous remercions. Combien d'êtres autour de cette personne vont être blessés, vont être outrés, vont être dérangés, vont peut-être se mettre à accuser, n'est-ce pas ?

- Oui

- **Ainsi, nul être ne peut être blessé que par lui-même.** Ainsi lorsque vous dites votre vérité, quel être peut être blessé par votre vérité ? Car ceci est votre Vérité. Ceci est votre ressenti, ceci est votre croyance...

Lorsque vous dites à un être « tu es con », c'est votre croyance, c'est votre vérité. L'être pouvant être blessé sera un être qui y croit lui-même, car si cet être n'y croit pas, il ne sera pas blessé, n'est-ce pas ? Comprenez-vous que vous pouvez avoir et libérer le droit de votre expression et de redonner à l'autre SA responsabilité dans la réceptivité de votre droit d'exister, de votre droit de parler, de votre droit d'être libre à exprimer votre vérité, nous comprenez-vous ?

- Oui, je comprends

- Ainsi, comment sentez-vous maintenant le chakra de votre gorge ?

- Cela rigole à l'intérieur…

- Et nous vous remercions. Pouvez-vous nous faire entendre votre son du rire, pouvez-vous nous faire entendre ce que vous aimeriez faire partager à ce groupe et pouvez-vous nous faire entendre, même si peut-être reste-t-il la peur de blesser, et blesser, et blesser, nous avons envie de vous entendre.

- (Sons)

- Encore.

- (Sons)

- Ainsi observez, observez que le fait que vous ouvrez votre chakra gorge, l'entièreté de votre corps s'ouvre pour vous donner le droit de vivre, d'exister dans ce son du loup et que vous êtes porteur de cette essence, et que vous avez le droit de vivre cette essence, et que le loup a sa place dans cette humanité et que l'essence du loup à un chant divin, un chant des dieux, n'est-ce point ?

- Oui

- Permettez-vous de poursuivre, de poursuivre, de poursuivre, de chanter le sacré et le divin en vous et de pouvoir dans votre cœur vous autoriser à redonner à l'autre ses propres peurs, ses propres challenges, ses propres effets.

Tous les loups sur cette terre ont le droit d'exister et tous les loups sur cette terre sont divins et bénis. Ainsi les êtres, les animaux, les êtres humains ont peur des loups. Ceci appartient à la peur de l'être humain, ou à la peur des autres animaux, ainsi, il n'y a nul droit ou volonté de détruire les loups sur cette planète car ces êtres font peur à quelques personnes n'est-ce pas ?

- Oui

- Ainsi, prenez l'essence de qui vous êtes, et lorsque votre ego a peur du loup, venez rassurer cet ego. **Lorsque votre ego a peur de Dieu et peut se rebeller, venez rassurer ce rebelle.**

Car derrière le rebelle, derrière la peur, il y a un fort désir de retrouver l'unité et de retrouver ce qui est, car cher être, de quoi avez-vous peur ? Souvent, vous avez peur de ce que vous êtes, ainsi les êtres ayant peur du loup ont eux-mêmes une vibration de loup. Observez que les êtres ayant peur du loup ont une relation avec le loup à réconcilier, à réparer, ainsi ceci peut être un fort cadeau magnifique de réconciliation lorsque l'être ose se positionner, et ose exprimer sa pure et véritable essence… Nous vous remercions. Avez-vous envie de rajouter quelque chose ?

*

Autre participante : Aujourd'hui j'ai l'impression que mon chakra gorge est coupé en deux et que la partie droite… C'est comme si je ressentais qu'une main appuyait et étranglait cette partie… Et que l'autre partie est détendue et que ça circule…

La Vibration: Quelle est cette main qui écrase l'expression de qui vous êtes ?

\- Je ne sais pas…

\- Observez… Qu'est-ce que signifie cette main ? Qui y a-t-il dans cette main ? Rentrez dans cette main, observez cette main, qui y a-t-il dans cette main ?

\- Je vois un poing qui s'enfonce dans ma gorge.

\- Certes, et qu'est-ce que ce poing exprime, qu'est-ce que ce poing symbolise, qu'est-ce que ce poing représente ?

\- Un interdit.

\- Certes, interdit de… ?

\- Interdit d'exprimer qui je suis.

\- Certes, qui vient vous interdire d'exprimer qui vous êtes ?

\- Une partie de moi.

\- **Certes, quelle est votre partie de vous qui veut interdire l'expression de votre lumière ?**

Participante :(...)..

\- Nous vous remercions de vous exprimer… Certes nous revenons à vous, cher être. Quelle partie de vous interdit l'expression de votre lumière ?

\- C'est ça que je ne comprends pas justement… Je ne comprends pas comment on peut empêcher l'expression de la lumière.

\- Ainsi, quel est votre processus pour empêcher l'expression de votre lumière ?

\- De la cacher…

- Certes. Lorsque vous exprimez que vous écrasez l'expression de votre lumière, pourquoi l'écrasez-vous, qu'est-ce que ce poing vient écraser ? Pourquoi, quel est le rôle de ce poing ? Si vous vous mettez à parler à ce poing, qu'est-ce que ce poing va vous exprimer de son rôle, de sa mission à venir écraser votre lumière ? Quel est l'intérêt de ce point à écraser votre lumière. Demandez-lui.

- C'est quelque chose d'assez flou, genre : que je n'ai pas le droit à la lumière parce que les gens autour souffrent, ou quelque chose comme ça, comme si le fait d'avoir la souffrance autour, ça… Ce n'est pas logique mais c'est quelque chose comme ça…

- Certes, et le fait qu'il y a souffrance, vous devez souffrir ? Vous n'êtes pas autorisée à être dans la lumière, vous n'êtes pas autorisée à être.

- Oui.

- Ainsi, observez, dans la souffrance, n'y a-t-il pas lumière ?

- Ça… J'ai de la peine à le voir…

- Certes, ainsi ce que nous pourrions dire, c'est que ce poing est l'expression de votre aveuglement du divin, n'est-ce pas ? Pouvez-vous valider ceci ?

- Oui, je peux.

∞ Les croyances sur Dieu ∞

- Ainsi, le fait que vous venez interdire une forme d'expression divine est par l'aveuglement où vous ne voyez pas le divin. Ainsi, si vous ne voyez point le divin, que voyez-vous ?

- Rien, justement.

- Certes, et pourquoi le « rien » n'est point divin ?

- Je pense que j'ai de la peine à voir le divin dans tout ce qui est souffrance, et rien, et noir, et tout ça…

- **Pourquoi le divin ne peut pas être noir ? Pourquoi le divin ne peut pas être souffrance ? Pourquoi le divin ne peut pas être rien ?** Ainsi, pourquoi le divin ne pourrait pas mettre un pantalon ? Dites-nous…

D'où émane cette croyance que le divin ne peut pas être noir, que le divin ne peut pas être rien, que le divin ne peut pas être souffrance ?

- Je ne sais pas d'où ça vient…

- Certes, laissez exprimer ce qui est là… Observez que ceci est peut-être simplement une croyance due à une blessure, due à un jugement. Cette croyance que d'autres êtres dans votre incarnation ont dit que si Dieu existe il n'y aurait point comme ci, il n'y aurait point comme ça, on ne laissera point mourir ceci, on ne laissera point mourir cela, n'est-ce pas ?

Or, observez que pour certains êtres, Dieu a le droit de faire mourir les personnes âgées dans votre monde, mais Dieu n'a pas le droit de faire mourir les enfants dans votre monde. Or pour d'autres, Dieu s'il existe a le droit de faire mourir les méchants et Dieu n'a pas le droit de faire mourir les gentils etc. Ainsi, observez que lorsque vous rentrez dans ces croyances que « si Dieu existe il n'y aurait pas ceci, il n'y aurait pas cela », observez sur quoi vous fondez vos jugements, sur quoi vous fondez vos croyances…

Observez toutes et tous ceci : sur quoi vous basez-vous pour fonder que Dieu existe s'il ne fait mourir que les personnes âgées ? Qui à l'intérieur de vous parle lorsque vous êtes dans de telles croyances ? Et vous pouvez répondre à la question…

- J'ai beaucoup entendu mon père dire ça pendant toute mon enfance.

- Certes, mais qui à l'intérieur de vous a adhéré à cette croyance, a cru à cette croyance ? Car nous le répétons, si vous avez cru à cette croyance, si vous avez entendu cette croyance et que vous y avez adhéré, c'est qu'une partie de vous était en accord avec ceci. Ainsi, quelle partie de vous, à l'intérieur de vous était en accord avec une telle croyance ?

- Je ne sais pas…

- Est-ce que d'autres êtres ici peuvent s'exprimer ?

- Le groupe : L'enfant ? Le mental ?

- Certes, ainsi lorsque l'on parle de mental ou d'enfant, observez que c'est une partie limitée de vous-même qui adhère à cette croyance, n'est-ce pas ?

- Oui.

- **Ainsi, lorsque vous basez et vous fondez votre incarnation et votre création sur une limitation de vous-même, n'est-ce pas qu'après, vous limitez votre champ de vision, vous limitez votre champ d'expression, vous limitez votre champ de ressenti, n'est-ce pas ?**

- Oui

- **Ainsi, observez cher être que la partie bloquée dans votre gorge est la partie que vous avez limitée par le fait que vous avez enraciné des croyances sur une limitation de qui vous êtes.**

Et qu'ainsi, le fait que vous avez bâti et poursuivi à créer dans la limitation de qui vous êtes, l'expression de qui vous êtes ne peut être que limitée… Nous comprenez-vous ?

- Oui.

La Vibration : Observez toutes et tous ceci en vous.

∞ La limitation de notre expression lié à la limitation de notre conscience ∞

À travers votre chakra gorge, à travers d'autres espaces de vous-même, observez combien vous êtes venus au sein même de votre vie vous limiter par des croyances, par des sensations, par des émotions. Certains êtres ont fait l'expérience de l'amour et se sont dit dans la limitation : « l'amour, c'est ceci », et continuent à pouvoir avancer dans leur vie avec « je n'aime pas cet être parce que je ne ressens pas ce que j'ai connu à tel moment, donc ce n'est pas de l'amour » etc.

Observez comment, fondamentalement, une partie de vous a oublié la lumière et a construit vos schémas de vie sur des limitations de qui vous êtes. Par la limitation de qui vous êtes, vous avez un champ de vision, un champ de tous vos sens limité. Dans cet espace de limitation, certains êtres se sentent enfermés, et certains autres êtres demandent aux autres de venir adhérer à leur champ de limitation, n'est-ce pas ?

Ceci vient provoquer, à travers le chakra gorge, des difficultés de communication et des difficultés de relation, n'est-ce point ?

Car lorsqu'un être est dans sa limitation et qu'un autre être est dans sa limitation, et que ces deux limitations n'ont pas les mêmes ouvertures, comment ces deux êtres peuvent-ils venir se rencontrer ?

Et comment peuvent-ils venir se reconnaître et s'exprimer ? Ainsi, ceci continue à perpétuer la croyance de la séparation : je suis séparé de cet être qui est dans sa prison, il est séparé de cet être qui est dans sa prison. Vous avez construit et créé votre vie sur des limitations de vous-même et non pas sur le potentiel de qui vous êtes, n'est-ce point ?

*

La Vibration : Poursuivons pour les êtres désirants poursuivre.

Participant : **Ma gorge est à la fois prise par le bas, des remontées acides et à la fois complètement bloquée par le haut.**

- Où placez-vous la lumière dans votre gorge, cher être ?

- Je ne l'imagine pas.

- Observez comme ceci vient vous embêter d'imaginer ou de mettre la lumière dans votre gorge, observez comment ceci viendrait vous embêter car cela viendrait déstructurer votre corps de souffrance et la personnalité aimant se nourrir de la victime en vous, n'est-ce point ? Combien, si la lumière venait pénétrer dans ce chakra gorge, vous ne pourriez point toujours être dans des états de plainte et de victime, n'est-ce point ? Ainsi, combien ce son n'est point intéressant pour votre personnalité de venir mettre la lumière dans ce chakra gorge, me comprenez-vous ? Car ceci n'irait plus dans le sens de votre incarnation et une grande partie de votre personnalité aime être dans les mélodrames et se sentir victime, n'est-ce point ? Et aime grandement être dans des défis, et des défis, et des défis et des histoires impossibles et incompréhensibles, n'est-ce point ?

- Oui.

- **Observez combien votre personnalité vient se nourrir de ceci.**

Nous pourrions rappeler combien l'entité du saboteur en vous est dans une forme d'extase de puissance et de jouissance à l'intérieur de vous. Combien cet espace du saboteur en vous a grandement cette place, et que ce saboteur n'a nulle envie que le divin vienne pénétrer... Me comprenez-vous ? Car le divin viendrait saboter le saboteur, n'est-ce point, et que ceci n'est point intéressant pour le saboteur de jouer avec le divin ? Et qu'ainsi, le saboteur préfère jouer avec d'autres ! Nous comprenez-vous ?

- Oui je comprends mais….

- Observez maintenant que le saboteur a été mis en lumière, que se passe-t-il dans votre gorge ?

- C'est la bataille entre deux.

- Ainsi, la lumière peut être vers ce saboteur, nul doute que la lumière ne détruira point ce saboteur si vous n'en avez point envie.

Ainsi la lumière peut s'approcher de ce saboteur, nul doute qu'il n'y aura pas de destruction. Car la lumière agira et viendra guérir à travers vous au moment où vous-même vous aurez fait ce choix d'un oui à la guérison, d'un oui à la transformation, d'un oui à un changement intérieur. Or vous savez que vous n'avez point encore fait le passage à ce OUI, n'est-ce point ?

- Oui.

- Respectez-vous, cher être, où vous en êtes. Même si vous n'avez point fait ce passage de ce « oui », vous êtes un enfant de lumière. Vous êtes totalement aimé, prenons ce mot, car ceci est un mot que vous pouvez avoir en vous, vous méritez la lumière, même si vous n'avez point répondu à ce « oui » de transformation. Ainsi observez que ce saboteur peut être aussi tel un enfant ayant le désir de toute cette vie s'amuser, et qu'il n'a point envie de travailler.

Observez un enfant à l'école qui aime être dans la cour de récré, qui aime embêter ses copains, qui aime faire pleins des bêtises, qui aime, qui aime ceci, et que, lorsque l'instituteur lui demande de travailler, ceci n'est point intéressant. Ainsi, observez que cet élève peut être grandement aimé et peut ne point être rejeté. Ainsi, ceci en est de même pour votre saboteur. Nous comprenez-vous ?

- Oui, je comprends.

- Même si [...] demeure tel un parent en vous ou tel instituteur en vous désirant que cet enfant se mette au travail, et que cet élève ne se mette pas au travail, cet élève a le droit et la bénédiction divine de ne pas être au travail, et cet instituteur qui est dans le jugement et l'énervement, qui aimerait plutôt que cet être soit au travail plutôt que de s'amuser et d'embêter ses camarades, et aussi lui-même grandement accompagné de la lumière de cette demande de lâcher-prise ou d'acceptation que tous ses élèves ne peuvent pas être des élèves studieux... Me comprenez-vous ?

- Oui.

- Ainsi, vous alternez dans votre dualité l'élève saboteur et le maître intolérant, exigeant, et fort autoritaire, voulant que ceci se passe comme cela et pas autrement, me comprenez-vous ? Dans ces deux polarités à l'intérieur de vous, vous pouvez vous sentir accompagné par la lumière.

Ces croyances que la lumière va venir empêcher l'élève de s'amuser ou permettre de donner la vérité à l'instituteur, ceci est faux, ceci est une de vos croyances et la lumière n'agira point dans ce sens-là, nous comprenez-vous ? Ainsi, de la même manière, la lumière n'agira point pour que l'instituteur puisse venir apprécier l'élève perturbateur. Ainsi, entendez simplement cher être, que même si vous êtes dans le saboteur, la lumière vous aime et vous accompagne, nous comprenez-vous ?

Même si un éducateur venait taper sur les doigts de cet élève, cet élève ne changerait pas. Ainsi, même si un parent venait vouloir rabâcher, et rabâcher, et rabâcher les leçons à cet élève, cet élève n'avancerait pas. Etc. Ainsi lorsque le saboteur en vous en aura marre, aura fait le tour, et ceci peut durer toute votre incarnation, et ceci peut durer d'autres incarnations et un jour ce saboteur, nous vous le confirmons, en aura marre... Ainsi peut-être vivrez-vous plusieurs incarnations à « vous amuser » et nous avons le temps de vous accueillir au moment où vous voudrez être accueilli, ainsi dirions-nous... Cool ! Pas de problème ! Prenez le temps dont vous avez besoin pour venir nous rencontrer.

- Ça, ça me dérange ça, je n'arrive pas à l'entendre ça !
- Cette partie qui ne peut pas entendre ceci est celle que nous avons comparée tout à l'heure à l'instituteur !

Cette autre partie de la dualité, cet instituteur qui refuse que cet élève ne puisse pas acquérir « l'addition », la compréhension de l'addition MAINTENANT, et qu'il lui faudrait quatre années pour acquérir la compréhension de l'addition, ceci est fort intolérable pour cet instituteur en vous.

Ainsi observez que ces deux dualités sont accompagnées par la lumière, tout comme ce saboteur est grandement accompagné de la lumière et a le droit d'exister, tout comme cet instituteur dans son exigence, dans son intolérance, dans sa fermeture de cœur, dans son « dictateurisme », a grandement aussi le droit d'exister.

Et observez que l'instituteur en vous, dans cet état de non-acceptation que cet élève ne soit pas tel qu'il le voudrait, cet instituteur se ferme aussi à la lumière et cet instituteur se met tout seul en souffrance, n'est-ce point ? Car cet élève, ce saboteur, ne change pas pour faire plaisir à cet instituteur. Lorsque cet instituteur, ce dictateur en vous continue à exiger, à exiger, à exiger… Que ceci est inadmissible, que ceci n'est pas entendable, que ceci n'est pas tolérable, et que ceci ne veut pas, ne veut pas, ne veut pas…

Cette partie en vous devient aussi fermée, tourne en rond autant que cet élève perturbateur, nous comprenez-vous ?

- Oui.
- Et ainsi cet élève perturbateur ne désire point changer, n'est-ce pas ? Observez que cet instituteur en vous ne désire point non plus changer, ayant la certitude qu'il est dans la justesse, dans la vérité, et que dans cette justesse et dans cette vérité il ne lâchera pas car il est persuadé d'être dans la vérité et la voie dans laquelle cette autre partie de vous devra aller, n'est-ce point ?

Et qu'il s'aveugle dans cette justesse et dans cette vérité, il se restreint dans cette justesse et cette vérité, car ceci n'est ni la justesse ni la vérité DIVINE, l'entendez-vous ?

- Je l'entends, ça me pose la question : pourquoi je vis ? À quoi sert mon existence?

- Certes, nous nous adressons toujours dans cette partie de l'éducateur, de l'instituteur qui ayant un enfant en échec scolaire se dit : « mais à quoi je sers en tant qu'instituteur, car cet enfant est en échec scolaire, ainsi je ne réussis point ce pourquoi je suis censé être », n'est ce point ?

- Oui.

- A nouveau, vous êtes identifié dans une forme de votre personnalité, car nous pourrions aussi rejoindre l'espace de cet élève perturbateur, et certains êtres pourraient aussi dire : « la vie est là aussi pour rire et vous amuser ! » ou qu'ils n'ont qu'une vie et donc : « on ne va pas se prendre la tête pour une vie », n'est-ce point ? Ainsi vous pourriez dire à votre instituteur « cool, allez en récré ! », n'est-ce point ?

- Oui.

- Observez aussi que dans ce jeu de dualité et de pouvoir à l'intérieur de vous, la lumière vous entoure, la lumière vous pénètre, la lumière est dans ce saboteur, la lumière est dans cet instituteur...

- Peut-être...

- Certitude! Observez combien ce saboteur qui est toujours en train de s'amuser ferait aussi du bien à certains êtres qui oublient de s'amuser dans cette incarnation, n'est-ce point ?

- Peut-être, je ne sais pas.

- Observez aussi combien cet instituteur qui a cette valeur de loyauté, de fidélité, de droiture et le sens du devoir, ferait aussi grandement du bien à certains êtres dans cette incarnation, n'est-ce point ?

- Hmm

- Observez que dans le saboteur, il y a des qualités, observez que dans le dictateur il y a des qualités, et que ces qualités sont peut-être le divin en vous. **Que dans ce saboteur, il y a le divin et que dans le dictateur, il y a divin...** Nous comprenez-vous ?

- Oui

- Nous vous remercions. Observez comment le conflit qu'il y avait entre l'élève et l'instituteur est maintenant, comment sentez-vous ces deux parties ?

- Dans le laisser-faire et en même temps dans une certaine forme de tristesse.

- Nous vous remercions et nous vous encourageons à rester dans cette tristesse et dans ce laisser-faire... Et nous vous remercions.

*

La Vibration : Y a-t-il un autre être désirant s'exprimer ? Qu'y a-t-il dans cet être ne désirant point s'exprimer ? Désirez-vous partager le fait que vous ne désirez point exprimer ?

Participant : je ne sais pas quoi dire

- Certes, comment vous sentez-vous dans le chakra gorge ?

- Je n'ai pas trop de sensations... Ce matin je suis parti tôt en ayant très mal à la gorge, je pensais que j'avais une angine... C'est pour ça que je ne suis pas bien, je suis un peu perdu, par moments je suis apparu, disparu, comme si je m'étais endormi en étant là... Drôle de sensation de ne pas être « posé »

- Certes, qu'est-ce qui est dérangeant dans le fait de ne point être posé, dans le fait d'être perdu, dans le fait d'être dans l'abandon à ce qui est, dans le fait de ne point comprendre ce qui est mais de simplement vivre ce qui est, qu'est-ce qui est dérangeant ?

- Rien, rien, c'est pour ça que… Je n'ai pas de ressenti…

- S'il n'y a point de ressenti…

- Par rapport au chakra gorge, c'est ça qui m'embête parce que… Mais sinon ce n'est pas dérangeant…

- Ainsi, il y a le ressenti que c'est dérangeant ? Que c'est « embêtant », nous nous excusons.

- Embêtant oui…

- **Et en quoi ceci est embêtant d'être dans l'abandon de ce qui se passe et de ne point forcément comprendre ce qui se passe ?** Qu'est-ce qui est embêtant ?

- Ce qui est embêtant, c'est de ne pouvoir en parler. C'est pour ça que je ne souhaitais pas trop m'exprimer.

- Dirions-nous que dans ce qui est « embêtant, c'est comme si vous deveniez « bête » » ? Est-ce ceci ?

- Peut-être…

- Il y a comme une perte de connexion du mental, comme s'il y a une incapacité d'exprimer ce qui se passe, car ce qui se passe se joue à un autre niveau que vos vibrations mentales ?

- Non, enfin peut-être oui. En même temps, pas pouvoir mentaliser ça en voulant l'expliquer, juste… Je ne sais plus… Je ne sais pas…

- Et dans ceci, ceci est embêtant car ceci, si nous revenons au mot « bête », le mot bête est cet espace où votre mental ne peut point justement exprimer ce qu'il ressent… N'est-ce point ?

- Oui.

- Ainsi, vous choisissez le mot « embêtant », nous choisissons le mot « bête ». Ceci vient juste vous mettre dans un autre état vibratoire que l'état vibratoire avec lequel vous avez l'habitude de fonctionner dans vos relations, et qui est très en lien avec votre mental.

- C'est vrai.

- Ainsi lorsque vous exprimez « je ne suis point-là », « je ne suis point dans mon corps », et que nous vous disons « si vous n'êtes point dans votre corps, où êtes-vous ? », et que vous nous répondez « je suis quand même dans mon corps », vous êtes simplement en train de dire « je ne suis point dans mon espace mental. Je suis dans un autre espace de moi-même et dans cet autre espace de moi-même, je ne sais point encore y amener la vibration de l'expression de qui je suis. » Est-ce ceci ?

- Certainement.

- Ainsi, comment vous sentez vous maintenant que nous venons de clarifier l'état d'être dans lequel vous êtes ?

- **Rassuré.**

- Nous vous remercions... Car vous n'êtes ni fou, ni bête ! Vous pouvez rester dans cet état ici, vous n'avez point perdu la connexion, vous êtes dans une autre connexion à la lumière et dans une autre connexion aux autres...

Cela demande simplement d'être dans l'apprentissage des nouvelles perceptions à ce niveau-là de votre être. Vous devenez de plus en plus grand dans l'émanation de qui vous êtes. Vous prenez de la maturité dans votre essence... Nous comprenez-vous ? Ceci peut être bizarre, comme quand le bébé vient d'avoir une première dent, et que ceci fait bizarre d'avoir une première dent, et que l'on se demande ce que c'est que cette dent ? N'est-ce point ?

- Oui.

- Il en est de même dans l'évolution de la maturité spirituelle lorsque l'être passe à un autre niveau vibratoire et se sent à un niveau spirituel autre. C'est comme une forme d'inconnu : que se passe-t-il ? Nous n'avons point l'habitude d'être dans ce lieu, est-ce que ce lieu n'est point dangereux ? Et ce lieu où vous êtes, cher être, n'est point dangereux. Et dans ce lieu maintenant, pouvez-vous y retrouver la parole ?

- Oui… Oui. Oui.

Vous avez besoin de passer par des erreurs. Ainsi, « un guerrier de lumière » a besoin de passer par « tuer » un être non dans la lumière pour savoir ce qu'est « un guerrier de lumière ». « Un guérisseur » étant dans le sens de la lumière a besoin de passer par des guérisons de manipulations pour comprendre ce qu'est une guérison dans la lumière. Nous comprenez-vous ? Nous vous le répétons : il n'y a point d'erreur.

Vous méritez grandement l'essence de qui vous êtes, car l'essence de qui vous êtes n'est point à juger, C'EST. Nous vous demandons de pouvoir assumer l'essence de qui vous êtes à votre rythme, de venir réparer, pacifier et pardonner ce que vous avez jugé être des erreurs plutôt que de redonner à Dieu qu'il s'est trompé, me comprenez-vous ?

Lorsque vous pourrez assumer ce que vous jugez vos erreurs, vous porterez davantage la notion de la responsabilité du prince en lien avec le divin. Nous vous remercions grandement toutes et tous. Nous sommes fort heureux de vous avoir rencontrés. Nous sommes fort heureux d'avoir grandement ri avec vous car nous aimons grandement rire et nous vous remercions. Nous vous disons à très bientôt ».

{Canalisation avec la Vibration de Marie-Madeleine,

le 1 Novembre 2013}

Enseignement du sixième Chakra

Troisième Œil (Ajna)

*« Ce troisième œil a une capacité à regarder à l'intérieur de vous.
Ainsi, vous avez deux yeux capables de regarder un monde dit extérieur
dans votre dualité et vous avec un œil capable de regarder à l'intérieur
de vous dans le monde de la dualité. »*

La Vibration : « Nous sommes heureux de nous manifester et d'être auprès de vous depuis ce matin. Ainsi, jamais nous ne vous quittons. Lorsque nous disons que nous sommes heureux de nous présenter, nous sommes très heureux de nous manifester plus physiquement auprès de vous, afin que vous puissiez davantage ressentir notre présence car notre présence est éternelle auprès de vous, chers êtres, la présence est éternelle auprès de vous. Nous souhaitons aborder en cette journée, l'éveil de cette conscience au sein même de l'éveil de votre 3ème œil. Ainsi pourquoi l'appelons-nous troisième œil ?

Vous avez deux yeux physiques dans votre corps physique et nous vous informons que vous avez maintes et maintes et maintes et maintes yeux autour de ce corps physique. Nous parlons dans votre incarnation, au sein même de cette dualité, d'un 3ème œil, au centre même de votre chakra front.

Ce troisième œil a une capacité de regarder à l'intérieur de vous. Ainsi, vous avez deux yeux capables de regarder un monde dit extérieur dans votre dualité et vous avec un œil capable de regarder à l'intérieur de vous dans le monde de la dualité. Nous comprenez-vous ? Vous avez cette capacité de regarder à la fois à l'extérieur et à la fois à l'intérieur.

> *Le développement de la conscience de cette clairvoyance est d'acquérir la maîtrise de pouvoir regarder par les trois yeux à la fois. Vos yeux n'ont pas que la capacité de vous montrer un miroir de votre monde ; vous avez aussi la capacité de regarder à l'intérieur de vous, la capacité de la fusion et de l'union de pouvoir regarder par ces trois yeux.*

Vous avez besoin de regarder à la fois grâce à vos yeux dits extérieurs les miroirs de votre création, n'est-ce pas ? Les yeux extérieurs sont très utiles pour votre évolution.

Ainsi, chers êtres, vous êtes en train de créer quelque chose et vous ne voyez pas ce que vous créez. C'est grâce à ces yeux dits extérieurs que vous pouvez voir ce que vous êtes en train de créer.

Vous pouvez modifier ce que vous êtes en train de créer car si votre création ne vous plaît pas, vous pouvez manifester ou recréer autre chose. La fonction de vos yeux extérieurs est de pouvoir observer votre création et de pouvoir observer la satisfaction de votre création. Nous comprenez-vous ?

∞ L'organe de ce troisième œil à l'intérieur de vous est votre guidance ∞

Cet organe vous permet de rentrer dans votre création avec la guidance. Le troisième œil serait votre mode d'emploi pour suivre la recette. Ainsi, si vous voulez créer un gâteau, vous allez avoir vos yeux dits extérieurs pour regarder si la création de votre gâteau vous plaît, mais avant de pouvoir savoir si la création de votre gâteau vous plaît, il vous faut construire le gâteau, n'est-ce pas ? Votre troisième œil vient vous aider à pouvoir construire ce gâteau par le fait même que ce troisième œil va suivre une recette, une guidance qui se trouve au sein même de qui vous êtes. Nous comprenez-vous ? Observez cet intérieur. Suivez le mode d'emploi intérieur pour rentrer dans la manifestation de votre création. Lorsque vous créez une œuvre, vos yeux extérieurs vous donnent le miroir de votre création, afin que vous puissiez manifester si ceci vous plaît ou non. Et si le gâteau ne vous plaît pas, de pouvoir recréer un autre gâteau.

Il en est de même pour les chakras de vos oreilles. Vous avez ce même principe au niveau des chakras de votre nez. Les chakras de vos oreilles ont ces oreilles dites extérieures pour entendre votre création. Mais vous avez aussi ces oreilles intérieures pour pouvoir entendre comment créer.

Il en est de même pour votre nez. Vous avez ce nez pour pouvoir sentir ce que vous avez créé et il en est de même avec le chakra nez intérieur, pour pouvoir sentir comment vous pouvez créer.

Ce troisième œil est très important et a davantage de capacités : celle de vous guider et de vous montrer votre passé, votre présent, votre futur. Ce troisième œil a la capacité de plonger au sein même du cœur, du cœur, du cœur, du cœur de vos cellules. Tel un microscope, un télescope, ce troisième œil a cette vision intérieure de vous montrer votre origine et de pouvoir vous montrer l'infiniment petit et l'infiniment grand à l'intérieur de vous.

Il en est de même pour les autres organes. Or actuellement, dans votre incarnation et dans votre humanité, les autres organes ne sont pas encore assez développés dans la capacité de ces chakras à pouvoir vous amener aussi loin que ce chakra-là, à l'intérieur de vous. L'être humain n'a pas encore terminé de se développer et l'être humain se développera encore et encore, venant donner maturation à ces chakras intérieurs et développer les fonctions de ces chakras intérieurs.

L'être humain que vous êtes, même si vous êtes considérés comme adulte physiquement, est encore un enfant par rapport à l'être humain qu'il saura dans des millions d'années. Ceci, vous pouvez le voir par la vision intérieure et extérieure que vous avez de l'évolution de votre race humaine. Car la race humaine va continuer à évoluer, avec le développement de vos chakras intérieurs, demandant transformation de votre corps physique. Et ceci se fera de générations en générations.

Certains êtres dans cette incarnation commencent à s'incarner avec. La science a reconnu que la cartographie de vos chromosomes est, pour certains êtres, beaucoup plus grande que la cartographie de vos chromosomes actuels pour d'autres êtres.

Cela commence à être vu au niveau de vos cellules ; mais ce qui commence à être vu au niveau de vos cellules est en travail et en évolution depuis bien des générations et des milliers d'années au niveau de vos espaces énergétiques.

Ce qui commence à se voir au niveau de vos espaces énergétiques prendra bientôt naissance et matière dans votre incarnation, au niveau de vos cellules.

Puis ce qui commencera à être vu de vos cellules viendra ensuite prendre matière dans ce qui commencera à être vu au niveau de vos yeux et de votre corps et de ce qui peut se manifester.

Ceci est le même protocole que la naissance d'un arbre, n'est-ce pas ? Pour faire naître un arbre et pour voir que l'arbre sort, vous y plantez d'abord une graine et la graine met un certain temps avant de pouvoir apparaître à vos yeux physiques, n'est-ce pas ? Il en est de même pour la création au sein même de vous-même.

> *Vos yeux extérieurs ont vraiment cette fonction de pouvoir regarder le miroir de votre création.*
>
> *Ne restez pas dans le positionnement de voir qu'avec vos yeux extérieurs car vous limitez votre champ de conscience.*
>
> *Venez donc développer ce champ de conscience à l'intérieur de vous.*

∞ Le voyage astral ∞

Les êtres parlant de voyage astral ont une capacité de leur troisième œil développé. Mais ces êtres parlant de voyage astral ne quittent pas leur corps. Ces êtres ont la sensation de quitter leur corps, mais vont dans un espace précieux à l'intérieur d'eux-mêmes ou d'un espace de vastitude à l'intérieur d'eux-mêmes. Ceci peut donner la sensation de quitter le corps car le champ de conscience voyage et change de positionnement à l'intérieur de l'être, nous comprenez-vous ?

Ainsi, pour pouvoir rentrer dans plus de clarté et de champ de conscience, ce troisième œil est très important.

Il est aussi très important que dans le développement de ce troisième œil, une stabilité dans le reste de vos chakras soit aussi en équilibre avec le développement de ce troisième œil. Comme tout autre chakra, il faut un équilibre entre eux, car si un chakra est beaucoup plus développé que les autres, cela vient amener un déséquilibre dans tout le corps, n'est-ce pas ? Il en est de même pour votre corps physique : si un doigt est beaucoup plus développé qu'un autre doigt, cela viendra amener un déséquilibre au niveau de la main.

Il n'y a pas de dangerosité au niveau vibratoire. Mais dans la perception que vous avez, vous pouvez vous sentir en très grand danger. Quand vous quittez un état habituel de conscience pour aller dans un autre état inhabituel de conscience, vous êtes toujours dans votre corps, dans vos vibrations et dans ce qui est pour vous. Mais ceci peut être tellement déstabilisant, que cela peut amener une vibration de peur. Vous pouvez alors vous sentir dans un sentiment de perte et d'errance, comme un enfant qui rentre dans une forêt, qui court dans la forêt et qui tout à coup se sent perdu dans la forêt.

Non pas que cet être soit perdu dans la forêt mais cet être à la sensation d'être perdu et cet être rentre dans une sensation de panique, venant créer des cristallisations à l'intérieur de lui ayant la sensation qu'il n'est plus chez lui. Mais la forêt est chez lui comme sa maison est chez lui car la planète Terre est chez lui.

Ainsi, cet être étant perdu dans la forêt demeure dans la forêt, n'est-ce pas ? Cet être est toujours sur cette Terre et donc cet être est toujours chez lui. Mais le fait que cet être se soit perdu dans la forêt, demeurant dans la forêt, il ne peut plus rejoindre sa maison, n'est-ce pas ? Ainsi, ne rejoignant plus sa maison, il ne peut plus côtoyer les personnes dans sa maison, n'est-ce pas ? Et les personnes dans sa maison ne sachant pas qu'il est dans la forêt, ne peuvent plus non plus côtoyer cet être dans la forêt, n'est-ce pas ?

Ainsi, ce que vous appelez « déconnexion » ou que d'autres peuvent appeler « folie » n'est pas dangereux. Il faut juste entrer en vigilance lorsque vous faites l'expérience de changement de conscience.

Ainsi, si vous décidez d'aller dans la forêt, allez dans la forêt, prévenez que vous allez dans la forêt simplement. Car si vous vous perdez dans la forêt, des êtres pourront venir aller vous chercher dans la forêt, nous comprenez-vous ? Si vous décidez d'aller dans la forêt et que vous connaissez la forêt, allez dans la forêt et prévenez que vous allez dans la forêt. Si vous ne connaissez pas la forêt, nous vous conseillons de vous faire accompagner pour entrer dans la forêt, n'est-ce pas ? Ainsi, il en est de même pour ces voyages à l'intérieur de vous. Y a-t-il des questions ? Est-ce clair ?

Reprenons l'exemple de la maison et de la forêt. Cet être n'est pas perdu dans la forêt, étant toujours sur cette Terre. Ainsi, lorsque votre champ de conscience décide de pouvoir aller voyager, ce champ de conscience reste perpétuellement au sein même de qui vous êtes, n'est-ce pas ? Vous êtes la représentation de la Terre, vos corps sont la représentation de la Terre.

Votre champ de conscience peut par exemple se sentir à la maison dans votre mental et lorsqu'il décide d'aller dans un autre plan vibratoire de vous-même, il peut décider d'aller dans la forêt qui peut être votre corps supra-astral ou votre corps émotionnel ou votre corps éthérique, etc.

Vous pouvez donc découvrir la vastitude de la Terre, découvrir la vastitude de votre corps, mais avec prudence. Non pas avec méfiance mais avec vigilance.

Prenons l'exemple de l'éducation d'un enfant et de comment l'aider à se développer. L'enfant fait des expériences de se mettre à genoux, puis à quatre pattes, puis debout. Il en est de même pour vous lorsque vous allez, étape par étape, dans la rencontre et la découverte de vous-même.

Vous ne pouvez pas vous faire mal, car il n'y a pas de mal au sein même de votre essence ; il y aura simplement du mal au sein même de vos structures.

Reprenons l'exemple de cet enfant perdu dans la forêt. Il n'y a pas de mal d'être perdu dans la forêt. Seul l'enfant, par son manque de vigilance ou par sa fugacité, va créer à l'intérieur de lui des cristallisations de peur qui fera que lorsqu'il sortira de la forêt, il n'osera plus retourner dans la forêt.

Non pas que la forêt a été dangereuse mais que cet enfant aura cultivé des cristallisations intérieures et des croyances intérieures face à la forêt. Nous comprenez-vous ?

Ainsi, il en est de même pour vous. Non pas qu'un voyage astral ou tout autre voyage à l'intérieur de vous soit dangereux. Certes non. Tout dépend comment vous partez en voyage. Il en est de même, très basiquement, pour quelqu'un qui décide de partir en Sibérie et qui y va en maillot de bain, n'est-ce pas ?

Ainsi, préparez-vous.

Organisez vos changements de conscience pour être en totale sécurité et être dans le bonheur afin de pouvoir ouvrir l'entièreté de vos sens à la découverte de vos univers intérieurs.

Si vous décidez de partir en forêt, munissez-vous de tout ce dont vous avez besoin pour partir en forêt afin de pouvoir savourer les odeurs, les énergies, le magnifique et le divin dans la forêt et de pouvoir vous émerveillez et d'ouvrir grandement vos sens à la merveille de cet univers.

Rencontrez-vous. Rencontrez l'univers et les dieux en vous. Rencontrez-nous en vous.

Venez nous ressentir, venez nous parler.

Venez communiquer avec nous, comme vous pouvez communiquer avec les êtres de la nature sur cette planète, n'est-ce pas ?

Comme vous pouvez communiquer avec les êtres humains sur cette planète, n'est-ce pas ?

Comme vous pouvez communiquer avec les êtres végétaux sur cette planète, n'est-ce pas ? Venez communiquer avec nous.

Bien sûr, ceci s'initie, ceci s'apprend, ceci se prépare. Mais ceci est un possible pour tous. Ainsi, toutes et tous ici dans cette humanité, a le possible d'aller en Amérique, n'est-ce pas ? Ainsi, certains êtres ont envie d'aller en Amérique et d'autres êtres n'ont pas envie d'aller en Amérique. Il en est de même pour votre humanité où vous avez ce possible de pouvoir voyager au sein même de vos vibrations et certains êtres en ont fortement envie et d'autres êtres ne se sentent pas appelés à cela. Ceci est totalement libre. Vous êtes invités, vous n'êtes pas obligés.

∞ Tourner le regard sur l'Essentiel ∞

Observez lorsque vous tournez votre regard à l'intérieur de vous. Observez, lorsque vous tournez votre regard sur l'essentiel, comment vos corps, votre corps physique, votre corps émotionnel, votre corps mental et tous les autres corps changent dans les vibrations.

Lorsque vous observez ceci, lorsque vous touchez le paradis en vous, lorsque vous touchez ce paradis en vous qui est sur Terre car vous êtes aussi sur cette planète Terre, lorsque vous touchez les cieux et le Divin en vous, lorsque vous touchez les cieux et le Divin sur cette Terre, lorsque par ce voyage, vous unissez le Terre et les cieux, lorsque vous vous sentez en unité, en reliance avec la Terre et les cieux, lorsque vous voyez que la Terre et les cieux sont reliés à l'extérieur de vous et sont reliés à l'intérieur de vous, qu'est ce qui ferait que vous ne décidiez pas de rester heureux ?

Et qu'est ce qui ferait que vous décidiez de vouloir quitter ou aller ailleurs que sur cette Terre, que sur cet endroit de cette Terre à l'intérieur de vous ? Et qu'est ce qui ferait que vous rechoisiriez à nouveau les zones de souffrance, de rancœur et de tout ce qui peut être conflictuel ?

Cela est là, maintenant en vous. Toutes et tous ici, vous êtes prêts à vivre cet état intérieur. Ceci est un choix pour vous.

Vous êtes prêts à rentrer dans la forêt en totale sécurité car vous êtes assez armés pour rentrer dans cette forêt en toute prudence et en toute conscience, accompagnés de nous-même, accompagnés de cette forme, accompagnés de ce lieu, accompagnés de chacun, chacune ici présent.

Vous pouvez rayonner cet état intérieur partout, à tout moment de votre journée, de votre nuit, de vos champs énergétiques, où que vous soyez, dans votre voiture, dans votre maison, en train de manger, etc.

Vous pouvez rester et ne plus quitter cet état intérieur. Vous pouvez faire le choix de le quitter et d'y revenir. Car cet état est aussi vous. Ainsi, cet état, vous ne le perdez point. Vous l'oubliez, vous le désertez, vous vous en éloignez mais jamais cet état est perdu. Jamais l'Éden, le paradis est perdu en vous, toujours il est présent. Vous êtes toutes et tous appelés à revenir chez vous, dans votre vraie maison.

Lorsque vous serez chez vous, vous découvrirez que vous êtes Divin et que ce Divin rayonne partout et est partout.

Que ce Divin en vous, à travers vos yeux extérieurs, vous le verrez, vous le créerez, vous le regarderez, vous le découvrirez, vous vous émerveillerez d'être la création, vous vous émerveillerez de créer, vous vous émerveillerez d'être à la fois le créateur et le créé. Vous vous émerveillerez de la puissance que vous portez en vous, de votre pouvoir de création.

Et vous choisirez ce que vous désirez créer, vous choisirez si vous désirez créer de la guerre, des conflits ou de l'Amour et de la paix. Vous choisirez si voulez faire un gâteau ou une tarte. Vous choisirez ce qui vous nourrit, vous choisirez ce qui vous appelle, vous choisirez ce dont vous voulez faire l'expérience. Et vous choisissez déjà.

Vous désertez des fois l'univers de votre création, l'espace où vous habitez votre création, mais cette création est en vous et tout ce que vous voyez à l'extérieur de vous est votre propre création.

Ainsi, lorsque vous voyez que vous êtes dans des états de souffrance, ceci est votre propre création. Ainsi, choisissez de créer autre chose. Car si vous créez la souffrance, c'est que vous venez vous nourrir de la souffrance et que ceci a un intérêt pour vous. Lorsque vous choisissez de créer l'Amour, c'est que vous vous nourrissez de l'Amour et que ceci a un intérêt pour vous. Ainsi, il n'y a pas de jugement et vous avez le choix de votre libre arbitre.

Tout est possible.

Dans ce tout possible, vous êtes à l'origine de ce tout possible dans votre vie.

Vous êtes le créateur et le Divin de votre vie.

∞ Vous voyez votre creation ∞

Ainsi, ce que vous voyez de votre monde extérieur est votre création et ce que vous émanez de votre monde intérieur est votre créateur. Vous retrouvez l'union de votre principe masculin et de votre principe féminin. Ce que vous voyez à l'extérieur est votre principe féminin ; votre manière de créer à l'intérieur est votre principe masculin.

Lorsque vous créez en inconscience, votre principe masculin demeure encore dans l'inconscience et n'a pas conscience de sa création. Alors, vous pouvez encore ouvrir ce champ de conscience dans la maturité afin que votre principe masculin puisse se développer et choisir avec encore plus de conscience ce qu'il a envie de faire comme expérience, afin que le principe féminin faisant l'expérience puisse aimer l'expérience qu'il fait. Nous comprenez-vous ? Nous vous remercions de venir dans cet espace de la création en vous. De venir révéler votre puissance créatrice. Dans cet espace, vous pouvez être dans une forme de méditation, un espace de conscience afin que vos formes pensées puissent être semées dans cet espace de conscience. Vous laissez germer ces formes pensées dans cet espace de conscience, ce que vous voulez réaliser de votre vie, de ce que vous voulez créer. Et nous vous remercions ».

{Canalisation avec la Vibration Marie-Madeleine,

le 2 novembre 2013}

Enseignement du septième Chakra

Couronne (Sahasrara)

« Je suis ce que Je suis, car je Suis ce que Je Suis »

La Vibration: « Nous vous invitons à venir vous déposer, vous reposer au sein même de la structure de votre base. Nous vous invitons à poursuivre le chemin, la voie des sens en vous. Nous vous invitons à ce voyage à l'intérieur de vous, de poursuivre la rencontre de vos univers et de vos cieux.

Prenez le temps de recontacter cette base et prenez le temps de recontacter tout l'enseignement que vous avez reçu et que nous vous avons transmis. Prenez le temps que cette énergie descende également dans vos jambes, vos racines, votre structure d'enracinement, votre structure vous permettant de déposer sur cette Terre. Prenez le temps de poursuivre ce voyage dans ce que vous pouvez être, en lien avec votre deuxième chakra, cette sensation d'être, cette sensation de vivre, cette sensation d'avoir des sensations.

∞ Je suis ∞

Soyez dans la définition et la reconnaissance du « je suis » au travers de votre mobilité, d'un ressenti que vous êtes dans un corps, dans une forme limitée. Ressentez en vous, et au-delà de vous, des perceptions, des sensations, des phénomènes énergétiques se passant à l'intérieur de vos structures. Laissez ces phénomènes énergétiques émaner en votre sein, dans le « je suis », afin de vous définir dans un groupe ou dans une société au travers le rayonnement de votre « je suis » et de sa compréhension que vous aurez à ce moment là.

Poursuivez dans la reconnaissance de ce « je suis », au niveau de l'émanation d'Amour naturel et inné que vous avez. C'est vous qui décidez de faire ce choix d'émaner ou de retenir. Ce potentiel énergétique, fort vibratoire, est un potentiel de création magnifique et merveilleuse, dans la puissance de la création de cet amour en vous.

Poursuivre ce « je suis » à travers l'expression de tout cela, par votre manière de communiquer, d'exprimer le « je suis » à travers vous. Venez ensuite le reconnaître, le voir en vous, le reconnaître, le voir à travers le miroir que vous avez de la création de votre « je suis » à l'intérieur de vous, afin de venir vous unir au « je suis » dans le « tout » de ce que « je suis ».

Unissez-vous au « je suis », par la totale confiance et la totale conscience que ce que vous êtes « est » et qu'il n'y a rien d'autre qu'être « être » et que ce que vous êtes, « est ».

Ce que vous êtes « Est ».

Ce qui est « est » et quoi d'autre qu'être ?

Lorsque vous prenez conscience que ce qui est « est », et que ce vous êtes « est », le mental peut se relâcher à « être », car tout « Est » : « Je suis » ce que « je suis », car « je suis » ce que « je suis ».

Vous pouvez répéter ce mantra :

« Je suis » ce que « je suis », car « je suis » ce que « je suis ».

Tout est dans « je suis » ce que « je suis ».

Cela demande au mental de s'abandonner à l'expérience de ce que « je suis », que le mental devienne « ce que je suis » et que le mental ne désire pas encore se désidentifier du « je suis » en voulant être supérieur au «je suis » et de vouloir comprendre le « je suis ». Faire l'expérience du « je suis » est laissé le mental faire des expériences du « je suis » en vous. Et cette expérience du « je suis » est tous les jours dans votre vie, dans votre incarnation, car votre vie, votre incarnation est « je suis ».

Vous pouvez faire cette expérience, comme nous en avons déjà parlé, d'être dans cet océan et de devenir la vague. Vous pouvez faire cette expérience en restant en surface et en observant cette expérience d'un bateau dans lequel vous ne seriez pas touchés par l'eau, mais vous seriez tout de même en présence de l'eau. Lorsque nous vous parlons d'être dans ce bateau, disons que vous faites l'expérience de l'eau, mais en n'étant pas rentrés dans l'eau : vous êtes dans le système de votre mental, avec cette connaissance que vous savez ce qu'est l'eau, car vous vivez avec l'eau en permanence parce que vous vivez sur l'eau.

Nous vous invitons dans l'expérience du « je suis » à être dans l'eau. Vivre sur l'eau est une expérience en lien avec l'eau et est une expérience en lien avec Dieu, nul doute de ceci.

Plongez dans l'expérience est un autre phénomène à l'intérieur de toute structure énergétique. Ainsi, cela revient toujours à cette responsabilité que nous vous reconnaissons de faire ce choix de rentrer dans l'« eau » ou de rester « hors de l'eau » ou de rester « près de l'eau ».

> « Je suis » ce que « je suis », car « je suis » ce que « je suis ».

Ainsi, où que vous soyez, vous êtes « je suis ce que je suis ».

Vous ne pouvez être rien d'autre que ce que vous êtes, car ce que vous êtes « est ». Lorsque vous voulez être autre chose que « ce que vous êtes », ce que vous voulez « être » devient « vous », et vous êtes ainsi, l'« être » et le «je suis » de votre transformation.

« Je suis » ce que « je suis ». Ne cherchez pas à « être » autre que ce que vous « êtes ». Et si vous êtes autre que ce que vous êtes, cet autre deviendra le « je suis » de ce que vous êtes à l'instant même où vous vous mettez dans la peau de l'autre. Rentrez dans l'expérience de ce que vous êtes maintenant, que vous soyez à la surface ou que vous décidiez de rentrer dans l'eau et dans la profondeur de l'eau.

> Vous êtes ce que vous « êtes », et ce que vous êtes « est ».

> Ce que vous êtes est Dieu, ce que vous êtes est le sacré à l'intérieur de vous se manifestant.

Tout se manifeste à l'intérieur de vous, tout se manifeste à l'extérieur de vous, tout se manifeste à travers vous pour vous, en vous. Ainsi, tout est avec vous, dans cet état d'Être.

∞ L'action dans le 'Je Suis' ∞

La place de l'action « est » dans la présence d' « être », la place de l'action est l'accompagnement à « être », la place dans l'action est dans la force et la persistance d' « être », la place de l'action est dans l'engagement et le service à « être ». Ainsi, l'« être » que vous êtes a besoin de l'action que vous êtes pour demeurer dans l'être que vous êtes et que votre action soit mise au service de votre « être » où votre être désire être. Ainsi, dans cet espace, le principe masculin et le principe féminin sont à nouveau réunis.

Observez ou ressentez où vous êtes en ce moment. Observez le champ et les images apparaissant dans le lieu où vous avez décidé d'être, où le « je suis » se manifeste à travers vous, dans cet espace de création qui est autour de vous, dans cet espace de création où « je suis » se manifeste à travers vous. Ne cherchez pas à savoir dans quel espace de création vous êtes : si vous êtes dans un espace de création dans un champ vibratoire de votre ego ou de la lumière, ou si vous êtes dans un espace de création d'un émotionnel, d'un physique, d'un lumineux ou d'un astral.

Vous êtes dans un espace de création.

Cet espace de création est.

Cet espace de création est ce qui est pour vous, maintenant dans cet instant de cette vie d'incarnation.

Cet espace de création vit en vous actuellement, maintenant.

Laissez-vous baigner dans cet espace de création qui est, qu'il est juste d' « être » à ce moment.

Venez par l'action, accompagner toutes les parties de vous qui auraient peur d'être dans cet état d'être. Vous êtes ce que vous êtes, au service de ce que vous choisissez d'être, en reliance avec ce que vous êtes, pour ce que vous êtes, dans la globalité de ce que vous êtes. Vous laissez entrer une autre présence à travers vous, dans cet état que vous avez choisi d'être.

∞ L'observation dans l'action dans le 'Je suis' ∞

Observez que les résistances à être dans la totalité d' « être » sont des résistances de difficultés à vous mettre au service de l' « Être ». Votre volonté est de persister dans le service d'une autre forme vibratoire de vous-même, une autre forme de votre ego, n'ayant pas l'envie de transformation. Observez combien le masculin nous parle, combien cette action a besoin d'être dans l'engagement total à la Lumière, afin que votre principe féminin puisse faire l'expérience divine de la Lumière. Ainsi, si le masculin n'autorise point le féminin, votre expérience sera partielle, et non totale. Observez les peurs pouvant vous rattacher à la difficulté de faire l'expérience. Observez les attachements.

Observez le chemin où vous en êtes vers l'abandon à la Lumière. Prenez conscience de la Lumière en vous et prenez conscience où vous en êtes sur ce chemin. Lorsque vous êtes dans ce chemin d'Eden en vous, demeurez par le principe masculin, dans la présence d' « être », afin que le principe féminin fasse l'expérience d'être.

Observez la peur de devenir fou si vous vous lâchez totalement dans l'expérience.

Observez la peur de l'errance si vous vous lâchez totalement dans l'expérience.

Observez la peur de mourir à vous-même.

Observez la peur de mourir au « Soi ». Observez cette envie de remonter.

Observez cette envie de ne pas rester dans l'expérience.

Observez que cette expérience est comme un marécage auquel vous vous enfoncez et que par moments, vous auriez envie de remonter, observez cela.

Observez qu'aller de plus en plus profondément dans l'expérience, éveille de plus en plus de doutes, de peurs, d'insécurité, car l'expérience vous amène à des champs de conscience auxquels votre mental n'a pas encore de compréhension ou d'accès permettant l'autorisation de vous y abandonner.

Observez combien ce chemin vers la Lumière demande courage et persévérance.

Observez combien il est facile de s'arrêter, combien le principe masculin est demandé dans ses actions d'accompagnement.

Observez combien il est facile de fuir, combien il est facile de déserter, combien il est facile de résister ou d'aller avec des fausses excuses tout tranquillement, combien il est facile de se reposer, combien ce chemin est Vous, combien vous avez, certes, le droit de vivre cette expérience à votre rythme.

Observez les multiples excuses qui vous feraient remonter, observez que la seule chose ne pouvant pas vous faire remonter est un poids suffisamment important et dense face à tout ceci : votre « oui » de l'engagement.

Observez les émotions pouvant arriver. Observez les sensations inconfortables pouvant venir qui vous freinent en disant, « je vais trop loin » et percevez-les comme une libération, comme une purification de votre corps.

Observez qu'à nouveau dans le dépassement de votre corps de vos émotions, il demeure encore le principe de l'engagement du masculin, de son courage de poursuivre et de traverser, de dire « oui » à la Lumière afin que son principe féminin fasse l'expérience de la Lumière.

Observez que la Lumière est là et qu'il n'y a nul besoin d'aller la chercher, qu'elle est là.

Observez qu'au moment où vous touchez la Lumière, le principe masculin doit rester au service de la Lumière et rentrer dans cette forme de pardon de toutes les mémoires karmiques, de tout ce qu'elles ont pu vivre, car elles se sont coupées de cette Lumière ou ont fait le choix, par des croyances qu'il n'y avait pas la Lumière, qu'elles ne pouvaient pas avoir accès à la lumière.

Observez combien le principe masculin ouvre son Cœur, pardonne, pour continuer de recevoir la lumière et autoriser le principe féminin à ressentir la Lumière.

Et observez que, lorsque ce principe masculin ouvre son cœur, de multiples informations arrivent et que cela peut être très dérangeant. L'engagement du masculin dans sa force, dans son courage, est dans la puissance de la purification et permet à l'action de Grâce de se réaliser telle qu'elle doit être en lui, afin que le principe féminin poursuive l'expérience de la mutation.

« Je suis ce que je suis, car Je suis ce que je Suis ».

Demeurez et respirer, pour ouvrir le cœur encore et encore dans le pouvoir de transformation du cœur et dans la présence où « je suis ce que je suis ». Laissez-vous pas à pas dans ce cheminement proposé, dans ces bains de guérison proposés, choisir le bain qui vous convient afin de passer au bain suivant, et au bain suivant, et au bain suivant. Ainsi, tel un protocole vous pourriez y revenir. Observez la présence de multiples autres énergies autour de vous, cette présence que certains appellent Lumière. Et au cœur de ceci, observez votre propre divinité.

Vous êtes ce que Je Suis, Je Suis ce que vous Êtes.

Observez les présences que certains ici peuvent ressentir. Observez l'action de cette Lumière qui est une partie de votre lumière sur vous. Observez que ces présences font maintenant partie de votre champ extérieur, ainsi que ces présences sont un miroir de votre création intérieure, de votre divinité intérieure.

Abandonnez-vous à l'expérience de cette Lumière, de ne rien avoir à faire, simplement être dans la présence. Ressentez que l'action est la présence d'être ce que vous êtes et de laisser vivre ce que vous êtes, afin de vous nourrir de la présence du « Je Suis » en vous, de la rencontre du « Je Suis » en vous, venant régénérer l'entièreté de vos cellules et vous donnant une nouvelle renaissance, une nouvelle jeunesse. C'est une action de Grâce en vous, qui œuvre à travers vous.

Laissez l'action Divine se manifester.

Laissez-la agir sur l'entièreté de vos corps, là où vos cellules répondent à un « oui » d'action à œuvrer, sur elle, à travers elle, pour elle, en elle, dans elle, par elle. « Je Suis ce Je Suis, car Je suis ce que Je Suis ».

Je Suis une partie de vous.

Demeurez dans cette action de présence à ce qui est, demeurez dans la réceptivité de ce qui est. Ainsi demeurez dans l'unité de votre principe masculin et féminin, unis dans cette lumière, demeurez dans cette rencontre de Lumière.

« Je suis ce que Je Suis » !

Demeurez dans l'engagement à vivre l'expérience du « je Suis ».

Nous vous remercions. Prenez le temps de revenir, même doucement, dans la conscience de votre corps physique et de votre émanation, de votre champ énergétique ».

{ Canalisation avec la Vibration de Marie-Madeleine ,
le 3 Novembre 2013 }

Chapitre IV

ENSEIGNEMENTS SUR LES CORPS SUBTILS

Définition des corps subtils

"Un corps énergétique est un corps de lumière, ayant une densité, ayant une forme, ayant une structure, ayant une couleur, ayant une vibration, fort spécifique à chaque plan."

∞ Définition des Corps Subtils ∞

La Vibration: « Nous vous invitons à poursuivre ce temps de ressourcement à l'intérieur de vous et à poser votre conscience dans l'espace de vos cœurs comme pour vous bercer dans votre cœur. Bercez-vous d'Amour et de Lumière dans vos cœurs, tel l'enfant pouvant s'endormir dans votre cœur. Nous vous remercions. Poursuivez le voyage intérieur en vous et le ressourcement des corps : corps physique certes, mais toute la régénérescence des autres corps. Ne soyez pas avec le corps mental, mais dans la présence de ce qui est maintenant. Soyez avec vous-même maintenant.

∞ La reconnaissance de soi ∞

Pour certains, une qualité d'amour, pour d'autres, une qualité de paix, pour d'autres, une qualité de tranquillité, pour d'autres, une qualité de simplicité. Peu importe la qualité dans laquelle vous êtes en ce moment. Baignez dans cette qualité et soyez dans la certitude que cette qualité est transmise autour de vous, venant créer maintes gouttes d'une qualité différente et dans ces gouttes, une goutte est vôtre, avec votre propre émanation. Nous vous en remercions.

Dans cette goutte qui est vôtre, il émane un champ de lumière qui est le vôtre. Ce champ de lumière a la note, la quintessence, la densité, la couleur de votre spécificité. Ce champ de lumière influence les énergies sur votre planète Terre et sur l'univers qui est nôtre. Ainsi, l'unicité de qui vous êtes est fort importante pour nous, pour votre humanité et pour tous les êtres que nous sommes. J'ai fortement dit « que nous sommes ». Ayez conscience que « qui vous êtes » a une forme d'influence sur nous aussi. Nous vous en remercions.

Ainsi, plus vous augmentez l'amour de qui vous êtes, plus votre champ vient aussi œuvrer à travers qui vous êtes sur d'autres formes plus subtiles.

Rentrez dans cette conscience en vous, que votre place est fort importante dans l'univers, bien au-delà de votre famille, bien au-delà de votre travail, bien au-delà des carcans conditionnels dans lesquels vous avez pu être. Votre place est fort importante au sein de cette humanité, au sein de cet univers, par le divin que vous êtes et que nous honorons.

Ainsi, si vous cachez le divin en vous, vous ne permettez point qu'on salue le divin en vous.

Si vous ne reconnaissez point le divin en vous, vous nous donnez un pouvoir d'être supérieur à vous.

Mais nous ne sommes point supérieurs à vous : nous sommes différents de vous, nous vibrons à un taux vibratoire fort différent de vous, certes, mais nous ne sommes point supérieurs.

Nous sommes vous, vous êtes nous. Ainsi, ce que vous faites à vous-même, vous le faites aussi en ayant des répercussions sur nous-mêmes. Ce que nous faisons, apporte des répercussions aussi sur vous et ainsi, nous sommes fort liés. Ainsi, votre vision de qui vous êtes est bien plus large que ce que vous croyez de qui vous êtes.

L'enseignement le plus important que nous désirons vous transmettre est l'amour de vous-même, l'amour de vous-même, l'amour de vous-même.

∞ L'amour de soi ∞

Me diriez-vous : pour s'aimer, il faut savoir qui l'on est, car comment aimer ce que nous ne connaissons pas, n'est-ce point ? Ainsi, pour certains, il y a à faire l'apprentissage d'aimer qui on est et pour d'autres ici présents, il y a apprendre à découvrir qui vous êtes, afin de pouvoir aimer qui vous êtes. Ainsi, pour chacun, cette manifestation se présente fort différemment.

Mais il est fort essentiel pour tous de découvrir l'être divin en vous, ce qui est une première porte d'accès au corps divin que vous êtes.

Ainsi, les corps sont autant à l'intérieur de vous que dans votre champ énergétique à l'extérieur de vous.

∞ Définition d'un corps énergétique ∞

Un corps énergétique est un corps de lumière, ayant une densité, ayant une forme, ayant une structure, ayant une couleur, ayant une vibration, fort spécifique à chaque plan.

Ainsi, le corps physique est aussi un corps de lumière, avec sa propre densité, sa propre structure.

Ainsi, vous êtes dans un corps de lumière. Ce corps de lumière peut rayonner, selon le pouvoir que vous décidez de le faire rayonner.

Prenez telle votre maison personnelle, dans laquelle vous habitez. Il y a maintes manières d'allumer dans votre propre maison et vous faites consciemment, chaque jour le choix d'allumer toutes les lumières de votre maison ou d'éteindre toutes les lumières de votre maison ou d'allumer quelques lumières de votre maison. Ainsi, il en est de même pour vos corps, corps physique ou autres corps.

∞ Le corps physique ∞

Nous pouvons d'abord parler du corps physique qui est un corps de chair plus dense, sur lequel vous pouvez agir car il est plus palpable pour vous-même et très présent dans la structure de qui vous êtes.

Comment pouvez-vous allumer le corps physique ?

Cette émanation du corps physique peut se réaliser par l'éveil de la conscience de qui vous êtes, par l'éveil de la conscience que la lumière est bien en vous, non pas à l'extérieur et chez les autres, mais en vous.

Il faut regarder en vous vos lumières et ouvrir le champ de vos lumières. Car chaque cellule vivante de votre corps est une cellule de lumière. Au cœur même de chaque cellule vit une lumière, cette lumière étant rattachée et unie à votre colonne de lumière, appelée shushumna.

Cette colonne de lumière est très présente en vous. Elle est fortement reliée à l'univers. Elle prend racine au plus profond de vous-même. Cette colonne de lumière est Vous. Ainsi, même si vous n'êtes pas conscient de votre colonne de lumière, votre colonne de lumière est en vous.

Pour mieux comprendre, comparons cela à votre respiration. Vous n'êtes pas toujours conscients de respirer et ainsi d'être vivants, mais vous êtes vivants, même lorsque vous n'en avez pas conscience. Il en est de même pour vos vibrations.

Nous vous invitons à rentrer totalement dans cette certitude intérieure que vous êtes des corps de lumière, à approfondir cette expérience du corps physique, à venir rencontrer votre premier corps, dans une autre perception qu'un simple outil, qu'un simple véhicule auquel vous demandez beaucoup par moments.

Nous vous invitons à rencontrer ce corps dans un espace plus vivant de lui-même, dans un espace où lui-même peut vous enseigner, où lui-même est aussi un canal de lumière, à travers lequel shushumna passe.

Ce corps physique est mis au service de vos personnalités et vous en faites fortement l'expérience, mais ce corps physique est aussi au service de la lumière.

Ce corps physique est aussi un corps en lui-même de lumière, ayant une forte densité, permettant que ce corps soit palpable et visible pour vos propres sens, créant un corps de matière.

Cette matière permet à la fois de pouvoir toucher, palper quelque chose, mais elle est aussi par moments plus difficile à bouger dans ce corps. Une matière moins dense, plus fluide est plus facile à bouger, nous y reviendrons.

Apprenez que chaque corps a sa fonction. Chaque corps a son utilité. Chaque corps a sa caractéristique. Chaque corps a, selon vos langages, ses inconvénients et ses avantages. Ainsi, le corps physique, tel qu'il est, est très important. Ce corps permet que vous puissiez ouvrir le concept qu'il y a bien d'autres corps. Ce corps permet à votre mental de donner une vision à vos autres corps, selon ce que vous en percevez.

Ce corps physique porte votre âme, tout comme les autres corps.

Ce corps physique est dans la dévotion de ce qui est.

Ce corps physique est à la fois à l'écoute du corps mental et de tous les autres corps.

Ce corps physique est au service des autres corps.

Ainsi, les autres corps vont venir imprégner le corps physique. Si vous avez un mental rigide, il viendra rigidifier votre corps physique. Si vous avez des émotions endurcies, elles viendront endurcir votre corps physique. Si vous avez des mémoires d'incarnations très douloureuses, elles viendront enraciner cela dans votre corps physique.

Votre corps physique est fait pour recevoir tout ce que vous portez dans vos autres corps. Il est mis au service et subit ce que vos autres corps veulent bien lui infliger ou lui offrir.

Le corps physique peut être perçu comme le petit, mais il est aussi le grand, pouvant réceptionner les multitudes d'autres corps par lesquels il est influencé ou auxquels il se soumet.

Nous employons fortement le mot se soumettre dans l'incarnation, car ressentez combien, par moments, vous soumettez votre corps physique et combien vous n'en faites ni un ami ni un allié dans votre vie.

Comprenez que votre corps physique manifeste physiquement ce que les autres corps sont pour vous. Si vous fluidifiez les autres corps, le corps physique redeviendra plus fluide, nous comprenez-vous ? Nous vous remercions.

C'est pourquoi, nous vous partageons que vous connaissez très bien les autres corps, les vivant plus fortement que ce que vous pensez. L'enseignement que nous voulons vous présenter est simplement un rappel ou une conscience pour vous le rappeler.

> *Le corps physique prend toutes les expériences des autres corps et même nous pouvons dire que le corps physique prend aussi toutes les expériences des autres incarnations.*

Ainsi dans le corps physique, nous retrouvons tous les autres corps, venant imbriquer le corps physique, venant faire que vous êtes chair et que vous êtes votre et qui vous êtes.

∞ Le corps etherique ∞

Au-dessus de votre corps physique se trouve, comme un voile, le corps éthérique.

Ce corps éthérique est tel un binôme du corps physique. Ce corps éthérique est tel le corps physique, faisant les mêmes expériences que le corps physique dans une réalité moins dense.

Le corps éthérique est comme le jumeau du corps physique.

Le corps éthérique est très ami avec le corps physique.

Pourquoi la présence de ce corps éthérique ?

Ce corps éthérique permet au corps physique de pouvoir recevoir, dans l'entièreté, toutes les expériences que les autres corps et que les incarnations ont envie de lui faire vivre.

C'est pourquoi, le corps éthérique est l'ami du corps physique ; il aide par moments le corps physique à tenir, car, chère âme - vous pouvez l'avoir vécu dans vos propres incarnations - vous savez combien dans les moments difficiles, nous sommes heureux d'avoir un ami, n'est-ce pas ? Sans cet ami, nous n'accepterions pas une certaine réalité.

Cela est la même chose pour votre corps physique et le corps éthérique.

Le corps éthérique est un grand ami du corps physique, permettant au corps physique de faire ses expériences. Le corps éthérique a ces mêmes vibrations et reçoit lui aussi les informations des autres corps.

Ainsi, il vient protéger le corps physique et lui envoyer une information de l'expérience qui pourrait être la sienne.

Au-delà du corps éthérique, vous rencontrez le corps dit des émotions.

∞ Le corps emotionnel ∞

Ce corps émotionnel a une densité plus subtile que les autres corps. Ce corps fait d'émotions vient colorer la réalité de votre vie. Ce corps fait d'émotions est là pour mettre en mouvement votre vie. Il est là pour donner la possibilité qu'un événement vienne d'être teinté d'une émotion ou d'une autre émotion, permettant à l'âme de ne pas s'ennuyer et de pouvoir vivre une même expérience, sous une émotion différente. Il permet qu'une expérience se vive différemment selon l'émotion avec laquelle nous la vivons.

Ce corps d'émotion est aussi très utile dans la communication humaine, permettant d'être un corps entre votre monde intérieur et ce que vous jugez extérieur à vous. Il permet une barrière entre l'autre et vous-même dans votre personnalité.

La fonction du corps émotionnel est d'émaner qui vous êtes, de rayonner qui vous êtes.

Il ne faut pas brimer vos émotions, mais les laisser vivre !

VIVRE !

Permettez-vous d'aller dans le sens de la vague lorsque les émotions se vivent.

Certains pourraient dire que laisser vivre les émotions est dangereux. Mais ce n'est pas dangereux. Nous vous invitons à vivre les émotions, non pas à vous perdre dans le corps émotionnel, ceci est très différent.

Ainsi, plus vous donnerez la fluidité aux émotions, plus vous permettrez à votre corps physique de rayonner. Plus vous pourrez faire l'expérience à travers les émotions, des multiples couleurs, plus vous pourrez ouvrir votre champ de conscience à l'expérience de ce qui est dans votre incarnation, car vous êtes venus chère âme, expérimenter.

Expérimenter à travers la colère la vie. Expérimenter à travers la tristesse la vie. Expérimenter à travers la joie la vie.

Expérimenter à travers un panel de couleurs que sont vos émotions.

Faites le choix de quelle couleur vous voulez rayonner.

Au-delà de ce corps, vous y trouvez le corps du mental.

∞ Le corps du mental ∞

Le corps du mental est un corps que vous connaissez très bien. Ce corps intègre vos structures du mental et vos croyances, vos conditionnements, vos formes pensées, votre langage et vos manières de communiquer avec votre tête. Ainsi, vous savez très bien que votre tête fonctionne et donc, votre mental fonctionne.

Ce mental est par moments confondu avec ce que vous appelez dans votre incarnation l'ego ou la personnalité. Ainsi, il est très important de ne pas confondre ego et corps mental.

L'ego est une structure mentale conditionnée sur laquelle vous vous identifiez et où vous vous perdez, oubliant que vous n'êtes pas que l'ego et que vous êtes bien plus grand que l'ego. Vos structures mentales permettent à votre humanité l'évolution. Les structures mentales permettent à votre humanité la communication de ce qui est. Ainsi, les grandes créations de votre humanité viennent du corps mental.

> Le mental est très important pour communiquer, pour vous mettre en relation, pour vous mettre en mouvement, pour mettre en action une réalité moins palpable. Votre corps mental est très puissant dans la création et dans la réalisation de ce qui est.

Ainsi, c'est aussi pourquoi, votre ego est très puissant dans la création et dans la réalisation de ce qui est.

*

Est-ce clair ? Y a-t-il questions ?

Participant : Comment donner moins de poids aux idées qui passent, qui passent, qui passent, qui repassent, qui tournent dans la tête ?

La Vibration : Ainsi la question serait : comment donner moins de poids à l'ego ou comment transcender l'ego ? Par l'Amour et l'accueil de ce qui est, ne pas rejeter ce qui est, englober ce qui est. Ainsi, percevez votre ego comme un enfant blessé. Comment accompagneriez-vous un enfant blessé ? Tenteriez-vous de lui dire encore de changer ? Tenteriez-vous de le mettre à la poubelle, de le rejeter, de le battre, de lui donner des coups de pied ? Comment accompagneriez-vous un enfant blessé ?

Il en est de même pour votre ego. Comment accompagneriez-vous un enfant blessé qui vous fait un caprice ? Est-ce que vous accepteriez le caprice de cet enfant blessé ? Ou est-ce que vous pourriez reconnaître son caprice, tout en restant fiable et stable? Est-ce que vous l'aideriez à ne pas tomber dans son caprice, mais à lui rappeler qu'il a tout en lui ?

Ainsi, il en est de même pour votre ego. Observez les stratégies capricieuses que cet enfant peut avoir sur vous pour pouvoir transformer l'ego et ce même relationnel que vous pouvez avoir avec les enfants, avec vos relations. Plus vous serez conscients des diverses stratégies qui sont les vôtres mises en place, plus vous pourrez éviter de tomber dans ses pièges, plus l'ego pourra se transformer.

*

Ces corps, physique, éthérique, émotionnel, mental, sont des corps fort palpables à différents niveaux dans notre réalité. Ils sont très perceptibles dans la réalité de tous les jours et nous pouvons à maints moments de notre vie, chaque jour, observer ces corps venant influencer nos comportements, nos mouvements de vie et qui nous sommes.

D'autres corps, tout aussi important viennent aussi influencer, plus subtilement, votre réalité quotidienne.

∞ Le corps astral ∞

Le corps astral est un corps neutre où se logent les maintes et maintes et maintes mémoires de qui vous êtes.

Dans ce corps sont logées toutes les mémoires cellulaires de vies passées, de vies à venir, de vies présentes, venant influencer l'essence de qui vous êtes. Ainsi, votre réalité est teintée d'au-delà de cette incarnation.

Ce corps astral est aussi un corps de repos. Lorsque nous rentrons dans ce corps astral, un espace-temps, un espace vibratoire n'est plus. Ainsi, le corps physique peut s'y ressourcer lorsqu'il atteint à l'intérieur de lui ce corps astral.

C'est un corps de voyage. Ainsi, comme quand vous partez en voyage, vous pouvez simplement voyager en vous ressourçant, en vous reposant. C'est un corps, tel un point zéro, où de multiples informations peuvent vous être données. C'est un corps où vous pouvez rencontrer qui vous avez été et qui vous êtes, au-delà de qui vous êtes aujourd'hui dans votre réalité. Ce corps a la fonction dirions-nous d'être neutre.

Au-delà du corps astral, vit un corps nommé supra astral.

∞ Le corps supra-astral ∞

C'est un corps de lumière vibratoirement très puissant dans vos vies.

Ce corps englobe la globalité de qui vous êtes, bien au-delà de votre incarnation vibratoire unique.

Ce corps englobe la quintessence divine de qui

vous êtes, à travers la spécificité de vos familles d'âmes, de vos familles d'incarnation, de votre inconscient collectif.

Certaines attitudes et comportements que vous pouvez avoir de ce corps. Donnons un exemple : si quelqu'un vient d'une famille d'âme « des gardiens de la terre », cela sera fortement logé dans son corps supra astral.

Ainsi, cet être aura des comportements dans son incarnation avec le gardiennage de la terre. Ses œuvres viendront fortement toucher et nourrir la profondeur de ses cellules.

Ses actions seront pour lui une évidence. Ses actions seront pour lui, comme si c'était lui-même. Ainsi, il pourra vivre combien il est bon de garder la terre, mais aussi combien cette forte spécificité pourra déclencher dans son corps émotionnel ou son corps mental de fortes colères ou de fortes souffrances, lorsqu'il ne pourra pas protéger la terre ou lorsque la terre ne sera pas protégée, nous comprenez-vous ?

Il est important de comprendre que ce corps supra astral vient influencer une forme d'identité de qui vous êtes. L'identité de qui vous êtes se retrouve dans le corps mental, que nous pourrions appeler la personnalité, influencée par le corps supra astral et par le corps astral où vous retrouvez les maintes incarnations de vos vies.

Dans votre incarnation, vous pouvez décider de ne plus faire telle et telle expérience, ou décider de faire telle expérience, venant influencer vos corps mentaux dans la manière de penser et de communiquer. Si vous pouvez identifier qui vous êtes, vous chercherez à moins vous changer.

Ainsi, lorsque vous faites partie de la famille d'âme « des guérisseurs », ne changez pas votre nature qui est de venir aider l'humanité.

Lorsqu'un autre être à vos côtés peut vous reprocher de toujours vouloir aider autour de vous et que vous essayez de changer cela par diverses croyances, par divers jugements, vous essayez de changer l'essence de qui vous êtes et ainsi vous rentrez en conflit avec qui vous êtes.

De même, lorsque vous êtes « un alchimiste » et que vous n'assumez pas cette fonction d'alchimiser les énergies, vous êtes en conflit avec les énergies venant vers vous, car ces énergies reconnaissent votre pouvoir alchimique et vous, vous rejetez. Ainsi dans votre incarnation, il en est de même : ne reprochez pas à un cuisinier de faire la cuisine et ne reprochez pas à un jardinier de jardiner.

Ne demandez pas à un cuisinier de jardiner et ne demandez pas à un jardinier de cuisiner. Il en est de même dans qui vous êtes. Reconnaissez qui vous êtes, assumez qui vous êtes, vous serez à votre place. Cessez de vous comparer. Chaque être a sa spécificité, à sa quintessence et ceci est influencé par vos corps supra astral.

Au-delà du corps supra astral, se rencontre le corps céleste.

∞ Le corps celeste ∞

Le corps céleste est un corps où vous rencontrez un espace plus élargi de communication.

À travers ce corps céleste, vous pouvez communiquer avec d'autres êtres, que vous ne côtoyez pas consciemment ou spécifiquement dans votre incarnation.

Vous pouvez rentrer en contact télépathique avec d'autres êtres incarnés, mais vous pouvez aussi rentrer en contact avec les vibrations de vos guides, de vos maîtres, des anges, n'est-ce point ? Et de toute autre vibration plus subtile.

Au-delà de ce corps vient le corps divin.

∞ Le corps divin ∞

Ce corps a cette spécificité d'être au cœur de qui vous êtes, d'être le joyau de qui vous êtes. Ainsi, tous les autres corps protègent ce joyau ou ce joyau protège tous les autres corps, car l'infiniment grand est dans l'infiniment petit.

Ce corps est la quintessence de qui vous êtes, la vibration de qui vous êtes. Ce corps est la pépite d'or de qui vous êtes. Cette pépite d'or fait partie de l'unité de toutes les autres pépites d'or, venant former un rocher d'or.

Cette pépite d'or est en forte relation avec le rocher d'or.

C'est au cœur de cette pépite d'or que se trouve shushumna.

Cette pépite d'or vient nourrir tous vos autres corps. Ainsi, lorsque nous vous parlons d'aller rencontrer le divin, c'est d'aller rencontrer cet espace-là en vous, cette pépite d'or en vous. Non pas d'aller la chercher à l'extérieur dans le monde, mais au plus profond de vous-même. Ainsi, il est très important que d'autres corps viennent protéger cette pépite d'or, tout comme cette pépite d'or protège les autres corps.

Il faut comprendre que tout ce qui est à l'extérieur de vous est en vous. Vos corps subtils sont en rayonnement aussi à l'intérieur de vous. Il ne faut pas imaginer que vos corps subtils sont des corps situés uniquement au-dessus de vos corps physiques, mais qu'ils sont aussi au plus profond de vous-mêmes. Au cœur du cœur (répété 6 fois), du cœur même de vos cellules.

> *Ces corps ne sont que le début d'une expansion.*

Dans votre physique, si vous coupez une noix en deux et que vous recoupez à nouveau la moitié en deux et que vous recoupez à nouveau la moitié en deux et à nouveau la moitié en deux et à nouveau la moitié en deux et à nouveau la moitié en deux, etc. Ceci se passe de même pour vos énergies. Tout peut être à nouveau, divisé et divisé et divisé et divisé et divisé et multiplié et multiplié et multiplié et multiplié, n'est-ce point ?

Au cœur de chaque cellule, vous y retrouvez votre vibration de cette étincelle de lumière, venant nourrir votre cellule. Ainsi, même une cellule malade est imprégnée de la lumière. Si une cellule n'a plus de lumière, elle se transforme et n'est plus dans votre incarnation. Si les cellules sont présentes dans votre incarnation, ces cellules émanent de la lumière.

C'est pourquoi, les soins de guérison consistent à aller chercher de la lumière dans les cellules et à la faire émaner de la cellule, non pas d'aller enlever la cellule qui semble malade ou défaillante.

Non pas remplacer la cellule, mais d'aller activer, régénérer l'espace lumineux de la cellule, afin qu'elle puisse redéployer son rayonnement à la cellule qui n'est plus lumineuse et qui ainsi est considérée pour vous malade. Ainsi ceci est le jeu de l'ombre et la lumière n'est-ce point ?

Ces corps sont tous unis les uns aux autres, sont aussi unis à ce que vous nommez les chakras.

Les chakras sont des cylindres de lumière, fortement présents dans vos corps, ayant un pouvoir spécifique sur vos organes, sur la peau, sur qui vous êtes. Ces corps, associés à ces chakras, sont tels des usines d'énergies en vous. Ces usines d'énergies sont alimentées par ce canal de shushumna. Ces usines d'énergies sont aussi alimentées par comment vous-mêmes vous les alimentez. Ainsi ces usines d'énergies sont à la fois réceptives et émettrices. Ainsi, vous pouvez émaner de la lumière, mais recevoir des vibrations moins lumineuses. Ceci créant comme une forme de distorsion dans certains de vos chakras.

Ainsi, nous lisons que l'enseignement est fort assez pour aujourd'hui

- Merci

- Merci. Nous vous disons à tout de suite, car nous restons fort présents ».

{Canalisation avec la Vibration de Marie-Madeleine,

le 23.03.2013}

L'expérience des corps subtils

*" Nous vous invitons à rentrer dans une expérience
propre à chacun, où chacun, chacune pourra œuvrer
pour lui-même, sur lui-même, où chacun, chacune
peut à travers cet exercice, retrouver son propre
pouvoir sur lui-même, où chacun, chacune pourra à
travers cet exercice, retrouver sa propre énergie, sa
propre émanation énergétique pour lui-même."*

La Vibration: « Nous sommes arrivés. Nous vous remercions, nous vous aimons et nous vous remercions de la confiance et des maintes croyances ayant fait cette rencontre. Nous sommes heureux de vous accompagner, de nous permettre de vous offrir, de vous nourrir de cet Amour de Lumière, de vous rappeler, chers êtres, QUI VOUS ETES, de vous rappeler chers êtres COMMENT vous êtes, de vous rappeler à la quintessence de ce qui est, de vous rappeler à votre forme de divinité. Non pas cette divinité selon vos religions, mais selon l'essence même dans le cœur duquel vous vibrez, cette essence où vous avez pu fortement vous en éloigner, oublier qui vous êtes, oublier même l'existence de qui vous êtes, en oublier même l'existence du divin à l'intérieur de vous.

Nous vous remercions de permettre une nouvelle remanifestation de qui vous êtes. Nous vous sentons prêts aux expériences, à l'expérience de vous retrouver, de vous remanifester, nous vous remercions de la confiance que chacun, chacune offre à sa manière.

∞ Excercice de méditation pour se connecter aux corps subtils ∞

Nous allons vous inviter à rentrer dans une expérience propre à chacun, où chacun pourra œuvrer pour lui-même, sur lui-même, où chacun peut à travers cet exercice, retrouver son propre pouvoir sur lui-même, où chacun pourra à travers cet exercice, retrouver sa propre énergie, sa propre émanation énergétique pour lui-même. Ainsi, avant de proposer cela, y a-t-il question ? Nous vous remercions.

Méditation dans la base et la structure

Nous allons vous inviter à aller d'abord respirer dans votre base, ce centre où nous y rencontrons les premiers chakras.

Lorsque nous parlons de venir respirer dans la base, nous venons vous parler de tout l'espace où vous pouvez être, à la base du périnée jusqu'au plexus solaire, au centre de l'hémisphère de vos corps.

Venez prendre respiration dans cet espace, afin que toute l'énergie que nous lisons sur plusieurs de ces personnes ici présentes, puisse à nouveau redescendre et revenir fluidifier tout le corps physique, le plus que possible, le mieux que possible, nul besoin de vous mettre de pression, chères âmes. Nul besoin de rentrer dans des formes de jugements, d'avoir peur de mal faire, nul besoin de cela. Tout est parfait.

Nous vous aidons à pouvoir, dans un premier temps, fluidifier l'énergie dans tout votre corps physique, pour que cette énergie ne soit pas uniquement condensée dans la tête ou dans la gorge, mais dans tout votre corps, n'est-ce pas ?

Observez qu'il y a peut-être un réajustement, un réalignement du corps qui peut se faire, lorsque l'énergie tend à prendre sa place partout dans votre corps et qu'un début de rayonnement peut commencer.

Nous invitons à aligner aussi au niveau des cervicales, afin que l'énergie puisse davantage se diffuser de la tête au corps. Ceci peut venir jouer dans votre tête, au niveau des deux hémisphères, venant peut-être provoquer un peu une forme de mal de tête, non douloureux ou peut-être une forme de réajustement au niveau de vos yeux. Ceci est fort excellent.

Observez si le déploiement d'une respiration se fait. Ceci est aussi excellent. N'allez pas contrôler votre respiration, mais observez où la respiration prend davantage d'amplitude, peut-être dans des espaces où vous n'aviez pas la sensation qu'elle pouvait avoir sa place. C'est cela.

Plus vous rentrez dans cet axe de vous-mêmes, plus vous pouvez être amenés à recevoir nos propres vibrations sur lesquelles nous agissons directement sur vous.

Laissez-nous vous transmettre nos messages qui sont vôtres pour vous, notamment pour certains des remerciements d'être là, n'est-ce pas ? Pour d'autres, des reconnaissances ou des retrouvailles, pour d'autres encore pour une nouvelle rencontre à un certain niveau, ou une première rencontre à un autre niveau et pour d'autres encore, une retrouvaille avec eux-mêmes et avec nous-mêmes.

Observez maintenant combien le taux vibratoire a commencé à augmenter, venant peut-être agir spécifiquement au niveau de vos cœurs, notamment le chakra du cœur et le chakra « fleur », auquel nous reviendrons. Ainsi, ceci peut provoquer une difficulté à respirer, ou quelque chose où c'est beaucoup plus lourd…

Laissez simplement nos énergies venir dissoudre, si cela est nécessaire. Soyez dans l'accueil de ce qui est. Si des formes de peurs peuvent venir, confiez-les dans la certitude qu'elles sont entendues, respectées et que tout cela se passe à votre rythme pour chacun. C'est cela, doucement.

Laissez les sons ou les toux, si cela a besoin de se déployer, afin de faciliter le passage au niveau des cœurs, de la gorge.

Méditation dans les coeurs

L'espace au niveau des cœurs peut être plus confrontant, amenant peut-être à des visions et des ressentis des maintes et maintes et maintes blessures qui sont vôtres de votre incarnation, pour lesquelles il n'y a encore pas eu de résolution et qu'il est plus confrontant de ressentir à nouveau ou de regarder à nouveau.

Nous invitons pour cela à y amener davantage la respiration, permettant d'aider la fluidité de cela. Venez juste observer les multiples croyances qui peuvent arriver, les multiples positionnements, les multiples attitudes, les multiples envies peut-être de fuir l'espace du cœur. Ou ceci peut être trop long, venant trop confronter. Si cela est, nous respectons tout un chacun. C'est cela, c'est cela. Nous vous invitons à venir nous apprivoiser à votre rythme.

Observer combien l'énergie se dissout dans les cœurs et qu'il peut y avoir d'autres sensations, d'autres sentiments, d'autres visions dans vos cœurs. N'oubliez pas que vous n'êtes pas une personne dans un corps de souffrance, mais que vous êtes bien au-delà d'une personne dans un corps de souffrance, vous êtes aussi Lumière et vivre des expériences de Lumière et d'Amour.

Nous nous permettons d'intensifier l'énergie au niveau des cœurs, pour nourrir d'Amour au niveau des cœurs, cet Amour disponible pour vous.

Observez si l'énergie rentre difficilement en vous et touche à vos croyances de ne pas mériter, de ne pas savoir comment faire, de ne pas savoir comment quelque part s'abreuver de cette énergie. Ce ne sont que des croyances venant mettre un frein à la relation plus directe de l'énergie avec vous-mêmes.

Nous venons fortement vous enseigner à retrouver l'état naturel de qui vous êtes.

L'état naturel de qui vous êtes est un état d'Amour, de Paix et de Lumière.

C'est cela, c'est cela. Poursuivez cet état naturel, l'émanation de cet état naturel venant diffuser, venant vous abreuver, venant chercher au cœur de vous, cet espace plus blessé, plus timide, pouvant avoir une certaine peur de recevoir l'Amour qu'il n'a pas l'habitude de percevoir.

Observez comment votre respiration ou votre état intérieur au niveau des cœurs a pu se modifier depuis quelques minutes. Observez combien il peut y avoir maintenant une forme de confiance s'installant en vous, une confiance que l'expérience se réalise au travers vous et qu'ainsi, vous pouvez retrouver naturellement votre état, naturellement.

Ressentez la qualité de l'amour que nous émanons et qui est vôtre. Offrez à vos cellules cet Amour dont elles ont tant par moments besoin.

Nous invitons maintenant à fortement aligner la tête et d'aller ouvrir au niveau de vos hémisphères, droit et gauche. Vous pouvez ressentir au niveau de vos hémisphères, un travail qui peut se réaliser, s'accompagner, de votre hémisphère droit, de votre hémisphère gauche, de votre rationalité et de votre intuition. Cet équilibrage peut provoquer des formes de mouvements dans la tête, demandant à desserrer les mâchoires. Cela permet aussi une purification du corps mental, dont nous vous parlerons.

Ce corps peut avoir une identification à votre ego mais qui n'est pas uniquement votre ego. Ce corps, dans lequel vous logez vos formes pensées sur lesquelles vous êtes fortement accrochés, tellement accrochés, que vous ne voyez plus qu'elles sont des formes pensées.

Laissez totalement agir l'énergie au sein de votre base, dans vos chakras, dans vos cœurs et dans vos hémisphères. Allez observer les croyances et les résistances qui demeurent et la puissance qui est en train de grandir au sein de vous-même.

Nous intensifions les énergies. Nous vous demandons simplement de vous positionner dans un mode de réception de cela. De vous laisser, telle une forme de guérison, nettoyer de ces énergies et de tout ce que vous pouvez porter. Ayez simplement ce positionnement intérieur au Oui à ce qui est. Non pas dans des demandes, mais à un positionnement à un oui à l'expérience qui est vôtre.

À l'expérience vous permettant de ressentir qui vous êtes, une partie de qui vous êtes. À l'expérience vous permettant de développer d'autres perceptions de qui vous êtes. **De laisser le plus que possible nos énergies traverser, rentrer, afin de pouvoir aller nourrir les plus profondes cellules en vous, prêtes à se transcender, à se transformer, à guérir, à se dissoudre, sans nulle intention du corps mental.**

Méditation au niveau des sphère de Ajna.

Nous allons vous inviter maintenant à ouvrir une de vos mains et à venir avec votre troisième doigt, main droite ou main gauche, peu importe, le troisième doigt de vos mains, venir consciemment, doucement, connecter l'espace autour de votre troisième œil.

De venir ressentir l'espace de votre troisième œil au centre de votre front - et non pas de venir toucher physiquement - de venir ressentir l'émanation de votre troisième œil, de venir sentir si vous sentez un champ énergétique à cette distance-ci, si vous venez sentir un champ énergétique à cette distance-là et si oui, est-ce que le champ énergétique a la même densité, etc.

Il est très important, quel que soit l'accompagnement que vous ferez sur vous ou sur d'autres êtres si vous êtes amenés à venir toucher le troisième œil, que vous ne touchiez pas directement le troisième œil mais que vous apprivoisiez tout autour ce chakra. Il est très important que vous sentiez l'autorisation de ce chakra à pouvoir être touché directement physiquement.

Ainsi, apprivoisez ce chakra, apprivoisez ce troisième œil, apprivoisez la sensation de vous rapprocher doucement, peut-être en spirale, vers cet espace. Apprivoisez cet espace de la conscience. Vous pouvez peut-être sentir qu'il y a des zones qui sont plus difficiles que d'autres, plus énergétiques que d'autres et qu'il y a des zones plus fluides.

Vous pouvez peut-être sentir qu'il y a des zones plus douces, d'autres plus denses. Vous pouvez peut-être sentir qu'il y a des zones avec différentes couleurs.

Doucement, vous allez venir atteindre avec le troisième doigt, le troisième œil, et toucher comme d'une bénédiction l'être que vous êtes, non pas en appuyant fortement, mais en créant connexion.

Vous sentirez l'espace juste dans une connexion où vous sentirez que c'est juste et qui fait vibrer votre corps ou qui réajuste votre corps. Vous pouvez aussi sentir qu'à quelques millimètres à côté, il n'y aura pas de résonance.

Peut-être que c'est une sensation où il y avait des maux de tête et qu'en touchant, il n'y a plus de maux de tête. Peut-être que c'est une sensation où en touchant, il y a ouverture.

Laissez-vous vivre cette expérience. Sentez votre respiration. Ressentez si une énergie ne s'intensifie pas au travers de vous.

Peut-être que pour certains, il y a une sensation de grossir énergétiquement, de grandir. Laissez-vous déployer dans l'énergie, bien au-delà de votre structure physique, bien au-delà de votre structure certes mentale, bien au-delà de la croyance de qui vous êtes.

Laissez-vous vous déployer, déployer, augmenter le taux énergétique en vous, par l'engagement et la totale présence de qui vous êtes. À travers cet acte solennel de vous reconnaître, de vous reconnecter à qui vous êtes.

Dans ce choix d'être avec l'étincelle divine de qui vous êtes, dans ce choix d'être avec vous-même, non plus avec d'autres, lâchant les attaches, mais avec vous-même.

D'être engagé dans la Lumière, dans la Foi et dans l'Amour de qui vous êtes.

Observez les multiples images se présentant à vous, les multiples sensations, les multiples odeurs pouvant venir à vous. Observez ce qui est prêt à se montrer. Peut-être juste une porte qui est entr'aperçue et refermée, car peut-être trop confrontante pour vous.

Rassurez l'être que vous êtes de vos capacités de perception, de ressenti vibratoire de vos énergies. Non point d'avoir un défi, un challenge, une rencontre, non point cela.

La rencontre est la rencontre avec vous-même.

Nous invitons maintenant à poursuivre l'expérience, à poser le troisième doigt de la deuxième main, au milieu du quatrième chakra, au centre du chakra cœur.

Observez la connexion du cœur et de la conscience de vous y ressourcer... Intensifiez si cela est juste pour vous, la conscience en appuyant à peine plus fortement, si cela est juste. De rentrer dans cette forme de réassurance de qui vous êtes, de redonner confiance à qui vous êtes, de redonner présence à qui vous êtes, de la structure à qui vous êtes. Laissez les corps recevoir les énergies.

Nous invitons à votre rythme, à quitter l'expérience, dans la conscience d'observer votre corps, d'observer si vous sentez différemment l'expansion de vos corps, de votre énergie.

Nous vous invitons à aller ressentir le champ vibratoire maintenant de cet espace. Aller ressentir le champ vibratoire.

Sentez-vous vos corps dans une salle ou sentez-vous vos corps bien « expandus », bien « expansés » ? Sentez-vous que vous pourriez être au sein de la Terre, au sein d'une nature, au sein des oiseaux, des animaux, des végétaux ? Vous sentez-vous dans une salle ou sentez-vous que vous êtes bien plus grands que cette pièce ?

- Plus grand
- Plus large

- Au-delà

- Partout

Ceci est fort vrai.

Ce sont vos corps plus subtils, comme vous pouvez l'exprimer dans votre langage.

Vous faites l'expérience d'un espace qui est bien au-delà de votre corps physique ou d'un espace de votre corps physique.

Vous êtes dans un mode de réception où vous pourriez aller ressentir l'arbre vous parlant. Écouter les oiseaux forts présents, écouter le monde de ce lieu, écouter le monde de cette ville, les pierres, les bâtiments, les végétaux, les minéraux, les autres êtres. Observez s'il n'y a que quelques êtres dans cette pièce ? Ressentez-vous la présence de d'autres êtres ?

Observez cela, en vous, non pas avec les yeux de votre tête, mais les yeux de votre être, les yeux de votre cœur, les yeux de l'âme.

Observez cette sensation où vous pourriez faire des pas de géants pour vous déplacer, comme si le monde dans lequel vous êtes est petit. Observez le tout possible. Observez les énergies que vous pourriez alchimiser, afin de créer votre réalité.

Nous vous invitons à rester avec vous-même, afin que l'espace qui est dit « de séparation » dans vos têtes ne soit point vécu. Nous vous transmettons tout l'Amour de vous-mêmes, de vous sentir aimés tels que vous êtes, de sentir tout l'Amour que nous pouvons vous porter.

Nous nous retirons, nous vous remercions.

{Canalisation avec la Vibration de Marie-Madeleine,

le 23 mars 2013 }

Merci aux vibrations de lumière de me faire grâce de ces connaissances.

Merci à tous les lecteurs, de recevoir ces enseignements vibratoires dans leurs structures, en ajustant leur conscience vers leur foi afin de recevoir au mieux les messages, au-delà des formes pensées et des mots exprimés.

Merci à tous les êtres qui ont permis la création et la réalisation de cet ouvrage et de son contenu.

Que l'amour soit, que l'amour soit que l'amour soit…

Soins et Stages

d'Emma GRILLET

Visitez le site

www.emma-grillet.fr

qui est régulièrement remis à jour

Enseignements en Médiumnité de l'ETRE

Journées, soirées et week-end en channeling

Stages mixtes de Tantra pour accompagner le corps, la relation, honorer le vivant et guérir les blessures de Vie, affirmer et adjuster sa personnalité afin de l'éveil à sa conexion d'âme

Enseignement en massage tantrique

Stage de guérison en Cercles de Femmes: l'accompagnement de yoni, du sang des lunes, du Féminin sacré, de la féminité

Enseignement en yoga/meditation

Accompagnement dans l'au-delà et des êtres au pas-sage Eternel

SOMMAIRE

Qui est Emma GRILLET ?..................................9

Chapitre I..11
COMMENT MIEUX COMPRENDRE L'ENSEI-GNEMENT CHANNELING D'EMMA GRIL-LET?

Qu'est-ce que le Channeling ? 13

La Vibration de Marie-Madeleine 17

Vivre le Channeling 23

Chapitre II..29
LES CORPS SUBTILS, SHUSHUMNA ET LES CHAKRAS

Les corps subtils 31

Shushumna 39

Les chakras 41

Chapitre III..45
INCANDESCENCE DES CHAKRAS - ENSEIGNEMENTS CANAL VIA LA VIBRATION DE MARIE-MADELEINE

Préambule sur les enseignements 47

Canalisation d'accueil 49

Enseignement du premier Chakra Racine(Muladhara) 61

Enseignement du deuxième Chakra Sacré Hara	77
Enseignement du troisième chakra - Plexus solaire	93
Enseignement du quatrième Chakra Cœur (Anahata)	99
Journée de Guérison de notre Chakra Cœur (1)	113
Journée de guérison de notre Chakra Cœur (2)	131
Enseignement du cinquième Chakra - Gorge	159
Enseigements du sixième chakra -3ème Œil	181
Enseignement du septième Chakra - Couronne	195

Chapitre IV..207
ENSEIGNEMENTS SUR LES CORPS SUBTILS

Définition des corps subtils	209
L'expérience des corps subtils	227

REMERCIEMENTS..239
Soins et Stages d'Emma GRILLET..................... 243

Achevé d'imprimé

www.ingramcontent.com/pod-product-compliance
Lightning Source LLC
Chambersburg PA
CBHW070555090426
42735CB00029B/2943